숏폼력[力]

숏폼 커머스 시장을 선점하라

숏폼 전도사가 알려주는 숏폼 커머스의 비밀

숏폼 커머스 시장을 선점하라

숏폼 전도사가 알려주는 숏폼 커머스의 비밀

윤승진 지음

이야기나무

책을 쓰는 동안 주말에도
아이들과 함께하지 못하는 미안함을
기꺼이 감수해준 나의 영원한 동반자,
아내이자 사업 파트너 누문연 이사에게
무한한 감사를 전합니다.

당신의 헌신적인 지지가 없었다면
이 책은 세상에 나올 수 없었을 것입니다.
고맙고 사랑합니다.

2025년 10월 윤승진

이 책이 나올 수 있도록 만나통신사—세하나 여행을 통해 도움을 주신
혁신콘텐츠기획사 (주)화제인 조미호 대표님께 감사드립니다.

프롤로그

숏폼 커머스가 온다
숏폼 커머스, 새로운 비즈니스 패러다임

지금 우리는 '숏폼 커머스'라는 새로운 패러다임의 변화를 맞이하는 입구에 있습니다. AI가 구축한 초 단위의 알고리즘은 인간의 무의식적 선택을 예측하며 커머스의 새로운 판을 만들고 있습니다. 숏폼 커머스는 크리에이터뿐 아니라, 자영업자, 전문직, 중소기업, 대기업까지 비즈니스를 하는 모든 사람들이 주목해야 할, 지금까지 쌓아온 모든 판을 뒤집어 놓을 수 있는 메가트렌드입니다.

 콘텐츠를 통해, 발견과 구매가 하나의 여정으로 통합된 새로운 형태의 커머스가 처음으로 성공했다는 점에서 유튜브, 인스타그램, 틱톡과 같은 글로벌 플랫폼뿐 아니라 네이버, 카카오, 당근마켓, 쿠팡 등 우리가 알고 있는 모든 플랫폼들이 이 시장에 주목하여 뛰어들고 있습니다. 우리는 바로 지금, 다음 시대의 핵심이 될 새로운 변화를 제대로 알고, 준비할 필요가 있습니다.

이커머스 3.0 시대, 숏폼 커머스의 등장

이커머스 1.0 시대, 커머스는 검색을 기반으로 생산자와 소비자를 연결했습니다. 이 시기, AI는 소비자가 원하는 검색 결과를 생산자와 연결하기 위한 키워드 최적화를 담당했습니다. 그리고 이커머스 2.0 시대에 이르러, 소셜 쇼핑이 대두되었습니다. 내가 팔로우한 인플루언서가 추천하는 제품을 소비하는 시대, 인플루언서가 소비를 유도하는 SNS의 시대가 열렸으며, AI는 관심 소비자와 인플루언서의 매칭에 중요한 역할을 했습니다. 그런데 숏폼의 등장은 이커머스 3.0 시대를 열고, 지금과는 전혀 다른 숏폼 커머스 시대의 등장을 알리고 있습니다.

숏폼 커머스의 성장은 실시간 니즈를 예측하는 AI의 추천 알고리즘을 바탕으로 이루어졌습니다. AI가 분석한 개인 취향 데이터는 사용자가 인지하기 전 니즈를 예측해 제품과 서비스를 추천합니다. 이는 '숏폼 시청 → 클릭 → 구매'로 이끄는 새로운 소비 DNA를 완성했습니다. 우리가 이러한 소비 행태의 변화를 주목해야 하는 이유는 새로운 소비 DNA의 탄생이 기존 이커머스 시장의 질서를 재편할 것이기 때문입니다. 즉 새로운 기회가 바로 이곳에 있습니다. 국내뿐 아니라 글로벌 시장에서 최근 괄목할 성과를 내는 브랜드의 성공 이면에는 급격히 성장하고 있는 숏폼 커머스 시장이 있습니다. 글로벌 현장 곳곳에서 숏폼 커머스를 통해 소비하는 소비자가 많아지고 있는데, 그들은 더 이상 검색하지 않고 비교하지 않으며, 숏폼 알고리즘 추천에 따른 구매에 익숙해지고 있습니다. 이렇게 세상이 변화하고 있습니다. 우리가 지금 숏폼 커머스를 준비해야 하는 이유이기도 합니다.

이 책은 단순히 '새로운 유통 채널의 등장과 소개를 위한 책이 아닙니다. AI가 인간의 무의식을 해체하고 재조립하는 과정에서, 숏폼 커머스가 어떻게 새로운 소비 문화 코드로 자리잡는지 증명하는 책입니다. 그리고 시장을 선점하기 위해 숏폼 커머스에 대한 정확한 이해와, 구체적인 대응 방안을 다양한 사례를 바탕으로 알려드리고자 합니다. 숏폼 커머스 시장의 최전선에서 다양한 브랜드, 크리에이터와 함께 국내외 프로젝트를 직·간접적으로 수행하며 경험한 인사이트를 통해 숏폼 커머스 시장의 현재와 미래 예측을 담았습니다. 숏폼 시장에서 에반젤리스트로 활동한 지 3년, 조심스럽지만 이 책을 집필한 이유는 숏폼 커머스 시장이 국내에서도 본격화되며, 지금부터 시작되는 시장 변화를 선도할 수 있는 마지막 기회라는 느낌을 받았기 때문입니다.

미래를 알고 준비할 수 있다면

숏폼 커머스 시장의 등장은 중국의 '틱톡'이라는 기업에 의해 이루어졌습니다. 2024년, 후룬연구소가 발표한 중국의 부자 1위는 틱톡을 만든 1983년생 장이밍이었습니다. 이는 숏폼이 시작된 중국 시장에서 틱톡이 갖게 된 영향력을 시사합니다. 중국에서 시작되었지만 그 변화는 글로벌 시장을 크게 변화시키고 있습니다. 미국에서 틱톡이 정치적, 경제적으로 연일 논란의 중심에 있는 이유는 틱톡이 만든 숏폼 경제가 미국

사회 전반에 미치는 영향력을 반증합니다.

중요한 것은 틱톡이 아니라, 숏폼입니다. 틱톡이 만든 숏폼 커머스라는 생태계는 가장 큰 모바일 단일 시장을 구성한 중국에서 검증된 비즈니스 모델입니다. 이 생태계를 글로벌 시장이나 한국 시장에서 누가, 어떻게 만들 것인가는 아직 정해지지 않았습니다. 다양한 글로벌, 국내외 플랫폼이 이를 위해 경쟁하고 있는 것이 현재의 모습입니다.

중국 시장에서 숏폼은 미디어와 마케팅 수단의 중심이 되는 1단계를 넘어, 이커머스 생태계를 변화시키며 온라인에서 확장하여 오프라인 생태계까지 변화시키고 있습니다. 나아가 모든 비즈니스에 있어 숏폼은 기본이자 중심이 되었습니다.

글로벌 시장의 숏폼 생태계는 중국 시장과는 조금은 다른 방향으로 전개되고 있습니다. 틱톡이 시장을 선도하며 생태계를 만들었지만 그 시장을 견제하는 유튜브 쇼츠, 인스타그램 릴스, 틱톡의 플랫폼 경쟁이 치열합니다. 또 국내 시장에서는 3대 플랫폼에 더해 네이버가 적극적으로 참전하고 있습니다. 분명한 것은 시장을 주도하는 플랫폼이 누가 되었든 간에 그들이 가려고 하는 방향과 비즈니스 모델은 숏폼 커머스라는 것입니다. 그래서 우리는 중국 시장에서 벌어진 지난 몇 년간의 변화를 통해 앞으로 다가올 숏폼 커머스 생태계의 미래를 예측할 수 있습니다. 이 책은 그 미래에 대한 예측을 바탕으로 여러분이 시장을 선점, 선도하는 브랜드가 되는 가장 바른 길잡이가 될 것입니다.

이 책의 구성은 '숏폼'이라는 메가트렌드를 통해 변화될 세상에 대한 이야기인 'Why', 그 세상을 정확하게 이해하고 준비하기 위한 'What', 그리고 시장을 선점하고 실행하기 위한 'How'로 이루어져 있습니다. 이 책을 통해 앞으로 다가올 숏폼 커머스 시장에 대한 확신을 가지고 펼쳐질 새로운 시장을 선점해, 국내를 넘어 글로벌 시장에서 숏폼으로 성공하는 K-브랜드, K-크리에이터가 쏟아져 나오길 기대합니다. 우리는 문화강국으로 콘텐츠를 잘 만드는 K-콘텐츠의 나라라는 자부심이 있습니다. 저는 미래 국가경쟁력이 '숏폼력(力)'에 달려있다고 생각합니다. 그리고 숏폼력으로 무장한 강소기업과 대한민국을 대표하는 크리에이터들이 국내를 넘어 글로벌 시장에서 성공신화를 만들길 소망합니다. 이 책이 조금이라도 그것에 보탬이 되길 바라며 많은 분들이 다가올 숏폼의 기회를 놓치지 않기를, 숏폼으로 성취하기를 응원하겠습니다.

CONTENTS

프롤로그
숏폼 커머스가 온다
숏폼 커머스, 새로운 비즈니스 패러다임

CHAPTER ❶ WHY
숏폼 커머스 세계 입문하기   14

1. 모든 비즈니스는 숏폼 커머스다   16
2. SNS가 가고 숏폼의 시대가 온다   22
3. 왜 지금 숏폼 커머스인가?   26
4. 크리에이터 이코노미 2.0 시대   32
5. 전 국민 숏폼 크리에이터 시대   38
6. 셀슈머(Sell-Consumer)의 대중화   42
7. 기업과 크리에이터, 경쟁을 넘어 상생으로   46

CHAPTER ❷ WHAT
숏폼 커머스에 대한 이해   **50**

1. 왜 우리는 틱톡부터 공부해야 하는가?   52
2. 숏폼, 브랜딩을 넘어 판매를 지배하다   56
3. 숏폼 커머스 승리의 공식: '숏폼 퍼널 설계'와 '2세대 라이브 커머스'   64
4. 숏포머블한가? 숏폼에 맞는 프로덕트가 있다   68
5. 숏폼 플랫폼: 새로운 기회는 어디에 있는가?   72

CHAPTER ❸ HOW
숏폼력(力)을 위한 8가지 인사이트   **82**

1. 숏폼 노출의 비밀 알아야 뜬다 _ 노출 알고리즘의 원리   84
2. 트렌드는 디폴트 _ 트렌드는 숏폼의 기본 속성   106
3. 숏폼에 대한 오해와 진실 _ 짧지만 강렬한 콘텐츠   120
4. 콘셉트가 전부다 _ 차별화 숏폼   138
5. 운칠기삼 _ 운영이 70, 기획이 30   156
6. 팔리는 숏폼 _ 커머스 인사이트   174
7. 브랜드의 접근법   190
8. 크리에이터의 접근법 _ 가치를 수익으로   210

에필로그
〈생산의 혁신〉을 만드는 생성형 AI,
〈소비의 혁신〉을 만드는 숏폼 커머스

CHAPTER

01

WHY

숏폼 커머스 세계 입문하기

1. 모든 비즈니스는 숏폼 커머스다
2. SNS가 가고 숏폼의 시대가 온다
3. 왜 지금 숏폼 커머스인가?
4. 크리에이터 이코노미 2.0 시대
5. 전 국민 숏폼 크리에이터 시대
6. 셀슈머(Sell-Consumer)의 대중화
7. 기업과 크리에이터, 경쟁을 넘어 상생으로

예언컨대,
비즈니스를 하고 있다면
영역과 규모에 관계없이
무조건
숏폼을 만들게 될 것입니다.

01

모든 비즈니스는 숏폼 커머스다

숏폼 커머스라고 하면 무엇이 떠오르시나요? 숏폼 커머스는 숏폼 콘텐츠와 연계되어 확장된 커머스 생태계라고 정의할 수 있습니다. 이는 단순히 유형의 재화를 판매하는 것을 넘어 무형의 서비스 예약, B2B 리드 확보, 전문 지식 콘텐츠 구독, 오프라인 매장 방문 유도까지 비즈니스의 모든 목표 달성을 위한 활동을 포괄하는 광범위한 개념입니다. 즉, **숏폼 커머스는 숏폼 콘텐츠를 통해 잠재 고객에게 노출되고, 그들이 각 비즈니스의 핵심 목표에 도달하게 만드는 모든 활동**이라 할 수 있습니다. 여기서 말하는 '목표'는 온라인 구매일 수도, 상담 신청일 수도 있으며, 매장 방문일 수도 있습니다. 따라서 이러한 최종 결과로 이어지지 않는 100만 뷰의 콘텐츠는 의미를 갖기 어렵습니다. 이렇게 숏폼 커머스의 콘텐츠는 처음부터 명확한 목적을 가지고 존재해야 합니다.

모든 비즈니스는 숏폼의 형식으로 메시지를 전달할 수 있습니다. 많은 사람들이 숏폼을 춤이나 밈과 같은 '장르'로 오해하지만, 숏폼은 어떤 내용이든 담을 수 있는 '형식'입니다. 문서 파일에 논문도 담을 수 있고, 계약서도 담을 수 있는 것처럼 숏폼이라는 형식에 다양한 비즈니스 영역의 콘텐츠를 담을 수 있습니다. 숏폼은 더 이상 10대들의 유행이 아니라, 현 세대가 정보를 소비하는 보편적인 '미디어 형식'이 되었습니다. 따라서 어떤 비즈니스든 자신의 핵심 메시지를 숏폼이라는 형식에 맞춰 전달할 수 있습니다.

감히 예언하건데 비즈니스를 하고 있다면 영역과 규모에 관계없이 무조건 숏폼을 만들게 될 것입니다. 빨리 할 것인가, 천천히 할 것인가의 문제일 뿐 당신 혹은 당신의 조직은 숏폼을 만들게 되리라고 확신할 수 있습니다. 수많은 국내외 플랫폼의 변화를 자세히 관찰하면 그 이유를 알 수 있습니다.

2021년 2월, 인스타그램이 '릴스'라는 숏폼 기능을 플랫폼에 도입한 후 1년 만에 10대에서 60대까지 전 연령대에서 MAU 체류시간을 1.5배에서 2배가량 늘릴 수 있었습니다. 그리고 현재 인스타그램의 사용자들은 앱 사용 시간의 50%를 릴스 시청에 할애하고 있습니다. 2021년 7월, 유튜브가 숏폼 콘텐츠를 볼 수 있는 쇼츠 기능을 도입한 뒤, 2021년 말 10억 명이었던 MAU가 2023년에 20억 명으로 증가했고, 2023년 12월 카카오, 네이버를 제치고 국내 모바일 시장에서 가장 많은 사람이 체류하는 MAU 1등 기업이 되었습니다. 그리고 지금은 역설적이게도 롱폼 콘텐츠보다 숏폼 콘텐츠를 보는 사람들이 더 많아진 것

이유는
명확합니다.
숏폼은 중독
비즈니스이기 때문입니다.

을 확인할 수 있습니다.

이런 변화에 네이버도 유저의 체류 시간을 늘리기 위해 클립이라는 숏폼 카테고리를 생성하고 숏폼 크리에이터를 직접 선발하더니, 숏폼을 커머스나 플레이스 등 다양한 서비스와 연계하고 있습니다.

또한 당근이나 카카오까지 다양한 플랫폼에서 숏폼을 보이고 있습니다. 이렇게 많은 플랫폼에서 숏폼이 보이는 이유는 무엇일까요? 그 이유는 명확합니다. ==숏폼은 중독 비즈니스이고, 숏폼이 만드는 유저 체류 시간의 효과가 명확하기 때문입니다.== 모든 플랫폼의 공통 목표가 더 많은 사람들을 더 오래 플랫폼에 머물게 하는 것이라고 보았을 때 SNS, 포털, 미디어, 커머스 플랫폼 등이 너나 할 것 없이 숏폼 생태계에 뛰어들 수밖에 없는 것은 분명합니다.

이러한 플랫폼의 변화는 사용자의 행동을 근본적으로 바꾸고 있습니다. 우리는 '중독'이라는 단어가 주는 부정적 뉘앙스를 넘어, 이 현상을 직시할 필요가 있습니다. 사람들은 이미 숏폼에 깊이 빠져들었고, 콘텐츠를 통해 메시지를 받아들이는 방식 자체가 '숏폼화'되고 있습니다. 숏폼의 트렌드가 시작되고 가장 성숙된 시장이 형성된 중국에서는 하루 평균 숏폼 시청시간이 2시간 48분에 달합니다.[1] 이는 하루 평균 44분을 소비[2] 하는 우리나라의 미래를 명확하게 보여줍니다.

이런 상황에서 '우리 비즈니스는 B2B인데, 우리도 가능할까요?'라는 질문이 나옵니다. 물론입니다. 앞서 말했듯 숏폼은 특정 '장르'가 아

---

1) 중국인터넷정보센터(CNNIC), 제53차 중국 인터넷 발전 상황 통계 보고, 2024
2) 메조미디어, 2024 디지털 라이프스타일 리포트, 2024

닌 어떤 전문적인 내용도 담을 수 있는 미디어의 '형식'이기 때문입니다. 모든 비즈니스는 숏폼 콘텐츠화 될 수 있습니다. 숏폼이 처음 등장했을 때, 많은 사람들이 숏폼을 춤과 노래 위주의 자극적이고 선정적인, 엔터테인먼트용 콘텐츠 정도로 생각했습니다. 하지만 지금 숏폼은 모든 마케팅의 필수적인 요소가 되었습니다. 많은 사람들이 머물며 가장 많이 사용하는 장이 되어버린 숏폼은 이제 콘텐츠 소비를 넘어 모든 행동의 시작이 되고 있습니다. 숏폼은 메가트렌트입니다. 메가트렌트라 함은 특정 산업 영역에 머물지 않고 모든 비즈니스에 숏폼이 활용됨을 의미합니다. 앞으로 10년 비즈니스의 경쟁력이 숏폼에 달려있다고 해도 과언이 아닙니다. 그래서 우리는 지금 숏폼력을 길러야 합니다.

02
SNS가 가고
숏폼의 시대가 온다

숏폼에 대해 많은 분들이 착각하는 것 중 하나는 숏폼이 SNS 기능의 일부라고 생각하는 것입니다. 우리가 보통 숏폼이라는 형식의 미디어를 처음 만난 플랫폼이 인스타그램이나 페이스북, 유튜브와 같은 SNS 플랫폼이기 때문에 그렇게 생각할 수 있습니다. 하지만 숏폼이 SNS와 다르다는 것을 이해하는 것이 숏폼 시대를 이해하는 첫걸음입니다. 숏폼은 콘텐츠가 유통되고 소비되는 핵심 엔진이 SNS와는 근본적으로 다르게 설계되어 있습니다.

기존 페이스북, 인스타그램의 피드 중심 SNS는 소셜 그래프, 즉 누구를 아는가를 기반으로 합니다. 그래서 내가 친구를 맺거나 팔로우한 계정의 소식이 우선적으로 보입니다. 이는 지인과의 관계를 유지하는 데는 효과적이지만, 내가 아는 사람의 범위를 넘어서는 새로운 정보를 발견하기는 어렵다는 명확한 한계가 있었습니다. 팔로워가 없는 신규 창작자나 브랜드는 콘텐츠가 아무리 좋아도 목소리를 내기 어려운 구조였습니다.

하지만 틱톡을 시작으로 한 숏폼 플랫폼들은 '인터레스트 그래프(Interest Graph)'라는 혁신적인 엔진을 장착했습니다. 이는 '무엇을 좋아하는가'를 기반으로 합니다. 사용자의 사소한 손가락 움직임, 특정 영상에서의 체류 시간 등을 AI가 실시간으로 분석해 '당신이 좋아할 만한' 콘텐츠를 끊임없이 추천해줍니다. 이제는 사람이 관계를 통해 콘텐츠를 찾는 것이 아니라, 콘텐츠가 AI를 통해 사람의 관심사를 찾아옵니다.

추천 알고리즘

콘텐츠가 적합한 사용자를 찾아가는 과정

이 결정적인 차이는 팔로워가 한 명도 없는 초보 크리에이터의 영상이 하루아침에 100만 조회수를 기록하는 '기회의 평등'을 만들었습니다. 포털인 네이버, 커머스인 쿠팡, 지역 기반인 당근, 실시간 채팅 기반의 카카오까지 숏폼을 도입하는 이유도 바로 여기에 있습니다. '관계'가 없어도 사용자의 '관심사'만으로 연결될 수 있기 때문입니다. 따라서 'SNS와는 다른 생태계'라는 관점으로 숏폼을 바라볼 때, 우리는 비로소 숏폼을 제대로 활용하고 새로운 기회를 잡을 수 있습니다.

바로 이 지점에서 우리는 '기회의 평등'이 있는 새로운 시장이 다시 열리는 것을 목격합니다. 과거 소셜 그래프 중심의 SNS 시대에서 성공이란 거대한 성벽과도 같았습니다. 수십, 수백만 명의 팔로워, 막대한 광고 자본, 혹은 기존의 명성이 없다면 '0'에서 시작하는 개인이나 신생 브랜드가 목소리를 내기란 불가능에 가까웠습니다. 영향력은 철저히 기존의 '팔로워, 구독자 자본'에 의해 좌우되었습니다.

하지만 인터레스트 그래프를 기반으로 한 숏폼 알고리즘은 이 모든 규칙을 무로 돌리고 있습니다. 알고리즘은 당신의 팔로워가 몇 명인지, 당신이 얼마나 유명한지 먼저 묻지 않습니다. 오직 당신이 만든 콘텐츠 자체의 매력, 즉 사용자를 얼마나 오래 머물게 하고 적극적으로 반응하게 만드는가를 기준으로 평가하여 수백만 명에게 도달할 기회를 공평하게 부여합니다. 이는 마치 모든 선수에게 동일한 출발선을 제공하는 '평평한 운동장'과도 같습니다.

이는 단순한 이론이 아닙니다. '탕, 탕, 후루후루' 노래 하나로 전국적인 신드롬을 일으킨 초등학생 크리에이터, 혹은 공중부양 춤인 '슬릭백 챌린지' 영상 하나로 2억 뷰를 기록하며 전 세계적인 스타가 된 중학생의 사례가 새로운 시대의 도래를 증명합니다.

결국, 이제 경쟁의 본질이 바뀌었습니다. 누가 더 많은 팔로워를 가졌는가의 싸움이 아니라, 누가 더 숏폼의 문법을 깊이 이해하고, 알고리즘의 언어를 공부하며, 사용자의 반응을 이끌어내는 콘텐츠를 만드는가의 싸움입니다. '숏폼력(力)'이라는 새로운 역량만 갖춘다면, 이제 당신도 거대 기업과 같은 출발선에서 경쟁하며 새로운 시장의 주인공이 될 수 있습니다.

구분	소셜 그래프 (Social Graph)	인터레스트 그래프 (Interest Graph)
기반	관계 (Social) "내가 **누구를** 아는가?"	관심사 (Interest) "내가 **무엇을** 좋아하는가?"
정보의 흐름	사람 → 사람 ▶ 내가 팔로우한 친구/브랜드의 콘텐츠가 나에게 전달됨 ▶ 정보가 내 관계망 안에서 유통됨	콘텐츠 → 사람 ▶ AI 알고리즘이 내 행동을 분석해 좋아할 만한 콘텐츠를 추천함 ▶ 콘텐츠가 관심사를 기반으로 나를 찾아옴
핵심 성공 요인	팔로워/구독자 수 (영향력의 기반)	콘텐츠 자체의 매력 (시청 시간, 반응률 등)
사용자 경험	소통 및 관계 유지 (지인의 소식 확인)	발견과 엔터테인먼트 (새로운 관심사 발견)
비유	아는 사람만 가는 '단골 식당'	내 취향에 맞춰 메뉴를 추천해주는 '오마카세'

03
왜 지금
숏폼 커머스인가?

크리에이터, 브랜드, 소비자가 숏폼을 매개로 상호작용하는 통합 커머스 생태계인 숏폼 커머스는 숏폼에서 발전되어 새롭게 형성된 커머스 생태계로, 기존 전통 이커머스의 소비 패턴과는 전혀 다른 소비자의 행동 패턴을 만들었습니다. 숏폼 커머스가 등장하기 이전만 해도 사람들은 콘텐츠를 유튜브, SNS, 포털과 같은 콘텐츠 플랫폼에서 발견하고, 구매는 쿠팡이나 아마존과 같은 커머스 플랫폼에서 하는 이원화된 모습을 가지고 있었습니다. 하지만 숏폼 커머스는 이름에서 알 수 있듯이 콘텐츠의 소비부터 구매까지 단절 없이 이루어지는 진화된 커머스의 형태를 만들었습니다.

이러한 커머스의 대격변은 결코 우연이 아닙니다. 여기에는 마케팅 전략, 핵심 기술, 그리고 판매 방식이라는 세 가지 거대한 시대적 조류가 맞물려 있습니다. 지금부터 우리는 왜 숏폼 커머스가 '지금' 이 시대의 강력한 대안이 될 수밖에 없는지, 세 가지 동인을 하나씩 살펴보겠습니다.

전략의 거대한 전환: 기존 마케팅이 한계에 부딪히다

우리는 기존의 성공 방정식이 더 이상 통하지 않는 현실에 직면해 있습니다. 특히 2024년 구글의 서드파티 쿠키 지원 중단으로 인해 전 세계 웹사이트의 84%에서 쿠키 기반 리타깃팅 광고가 어려워졌습니다. 이는 고객 획득 비용(CAC)의 급격한 증가와 광고지출 대비 수익(ROAS) 감소로 이어졌습니다. 즉, 광고와 성장 사이의 직접적인 연결고리가 약화되고 있습니다. 또한 단기 성과에만 집중하던 퍼포먼스 마케팅은 브랜드 충성도와 고객 관계 구축이라는 장기적 가치를 놓치게 만들었습니다. 이처럼, 모든 기업과 마케터가 새로운 대안을 절실히 찾고 있는 상황에서 숏폼 커머스는 가장 강력한 해결책으로 부상하고 있습니다.

거스를 수 없는 기술의 파도: AI가 새로운 해답을 제시하다

기존 마케팅의 위기 속에서, AI 기반 개인화 알고리즘은 완전히 새로운 해답을 제시했습니다. 숏폼의 노출 알고리즘은 AI가 사용자의 무의식적인 스크롤 행동을 실시간으로 분석하여 맞춤형 콘텐츠를 추천합니다. 소비자가 특정 목적을 가지고 상품을 찾아다니던 전통적인 이커머스와는 달리, 이제는 숏폼 콘텐츠가 잠재 고객의 '관심사'를 먼저 찾아가 구매를 유발하는 '관심 커머스(Interest Commerce)'의 시대가 열렸습니다.

이는 현대 소비의 본질을 관통합니다. 현대 소비는 대부분 필요(Needs)보다 '갖고 싶다(Wants)'는 충동에 의해 이루어지며, 숏폼은 그 충동을 가장 효과적으로 자극합니다. '나는 합리적인 소비자야'라고 확신하는 사람조차도, 결국 AI가 설계한 미디어 노출의 거대한 흐름 속에서 자신도 모르게 지갑을 열게 되는 것입니다.

판매 방식의 완전한 진화: 2세대 라이브 커머스가 탄생하다

새로운 기술(AI)은 기존의 판매 방식(라이브 커머스)과 만나 폭발적인 진화를 이뤄냈습니다. 코로나 시기, 9~30%의 높은 전환율을 보이며 새로운 대안이 되었던 라이브 커머스는 엔데믹 이후 오프라인으로 향하는 소비자들의 발걸음과 높은 광고비 부담으로 성장통을 겪었습니다.

하지만 숏폼 플랫폼 위에서 진행되는 라이브 커머스는 달랐습니다. 막대한 광고비 대신, 잘 만든 숏폼 콘텐츠의 알고리즘만으로도 수많은 잠재 고객을 라이브 방송으로 유입시킬 수 있게 된 것입니다. 이로 인해 라이브 커머스의 주 무대는 커머스 플랫폼에서 콘텐츠 플랫폼으로 이동하기 시작했습니다.

여기서 더 나아가, 숏폼과 결합된 라이브 커머스는 '2세대 라이브 커머스'로 진화합니다. 정해진 시간에 스튜디오에서 진행하던 이벤트성 방송이 아니라, 오프라인 매장이나 일상 속에서 24시간 실시간으로 팬들과 소통하는 방식입니다. 마치 영화 <트루먼 쇼>처럼, 계정의 서사를

공유하며 쌓은 친밀감을 바탕으로 고객과 소통하고 판매를 일으킵니다. 이처럼 라이브 커머스와 결합된 숏폼 커머스는 완전히 새로운 판매의 세상을 만들어 내고 있습니다.

이 모든 변화는 이미 시장이 증명하고 있습니다. 이러한 흐름은 단순한 예측이 아닌, 숫자로 증명되는 현실입니다. 2023년 10월 미국에서 '틱톡샵'이 공식 출시된 후 1년도 채 되지 않아 90억 달러(약 12조 원) 규모의 시장을 형성하며 무섭게 성장하고 있습니다. 유튜브 역시 2024년 6월, 카페24와 협력해 세계 최초로 유튜브 쇼핑 스토어 연동 기능을 출시하며 커머스 기능을 본격적으로 강화하고 있습니다.

중국 숏폼 생태계의 성장을 연구해보면, 숏폼과 커머스의 플랫폼이 연계되고 새로운 구매 패턴이 만들어지는 시점부터 시장이 폭발적으로 성장했음을 확인할 수 있습니다. 이제 국내에서도 유튜브와 쿠팡의 제휴설이 나오며 거대한 변화의 서막이 올랐습니다. 중국에서 시작된 숏폼 커머스가 동남아, 미국, 유럽, 그리고 우리나라까지 새로운 시장을 만들고 기존 질서를 흔들며 고속 성장하고 있습니다.

결론적으로 ==숏폼 콘텐츠와 커머스의 결합은 새로운 트렌드를 넘어 미래 디지털 경제를 이끌어갈 핵심 동력이 되고 있습니다.== 이는 단순히 콘텐츠를 통해 제품을 홍보하는 데 그치지 않고 소비자들에게 직접 구매까지 유도하는 가장 효율적인 방식입니다. 그래서 숏폼 커머스는 단순히 새로운 유통채널이 아닙니다. 이것은 새로운 형태의 마케팅이자, 소비자와 소통하는 방식이며, 판매와 이어지는 강력한 수단입니다. 그리고 온라인을 넘어 오프라인까지 영향을 미치는 새로운 경제 구조를 만들어내는 메가트렌드입니다. 미래는 정해져 있습니다. 누가 이 시장을 차지할지, 그 가운데 우리가 그 주인공이 될 수 있을지의 선택만이 남아있습니다.

04

크리에이터 이코노미 2.0 시대

숏폼은 크리에이터 이코노미 시대로의 진화를 가속화할 것입니다. 크리에이터 이코노미는 디지털 시대의 새로운 경제 패러다임을 대표하는 혁신적 생태계로, 크리에이터가 자신만의 콘텐츠로 수익을 창출하는 경제모델을 의미합니다. 기존 크리에이터들은 구독자와 팔로워 기반의 영향력을 통해 광고수익을 얻는 MG(미니멈 개런티)나 콘텐츠 조회수를 기반으로 수익화하는 모델이 일반적이었습니다. 그러나 숏폼은 이러한 판을 뒤흔들며, 광고주의 선택에 의존하던 '콘텐츠 크리에이터'의 시대를 넘어, 스스로 수익을 창출하는 '커머스 크리에이터'가 중심이 되는 크리에이터 이코노미 2.0 시대의 서막을 열고 있습니다.

이렇게 거대한 변화가 가능해진 이유는 숏폼이 최초로 '콘텐츠와 커

온라인을 넘어 오프라인까지, 이전에 없던 새로운 생태계의 등장

커머스 혁신 / 오프라인 혁신 / 라이브스트리밍 혁신

크리에이터 이코노미 2.0 시대

숏폼은 크리에이터 이코노미 시대를 가속화한다

1.0 시대

콘텐츠 크리에이터의 시대
(구독자, 팔로워 중심 영향력을 통한 광고수익, 조회수 수익)

2.0 시대

커머스 크리에이터의 시대

커머스 수수료 위주의 수익구조 변화

고객이 파는, 셀슈머의 시대

머스의 완벽한 실시간 연동'을 증명한 미디어이기 때문입니다. 이전까지 소비자는 A앱에서 콘텐츠를 보고, B앱으로 넘어가 제품을 구매해야 했습니다. 하지만 틱톡샵과 유튜브 쇼핑 등은 영상 위에 제품을 직접 태그하고, 플랫폼 안에 '미니 상점'을 여는 등 '콘텐츠 속 매장'을 완벽히 구현했습니다.

이로써 [발견 → 흥미 → 클릭 → 구매]로 이어지는 모든 과정이 단 하나의 앱, 단 하나의 콘텐츠 안에서 완결되는 '구매 여정의 폐쇄 루프(Closed Loop)'가 완성되었습니다. 이러한 기술적 혁신 덕분에 특정 크리에이터가 얼마의 매출을 일으켰는지 명확한 데이터 추적이 가능해졌고, 이는 자연스럽게 '성과 기반 수익 공유(RS)'라는 새로운 규칙을 탄생시켰습니다. 숏폼 기술이 '콘텐츠 크리에이터'를 '커머스 크리에이터'로 진화시킨 결정적 원인입니다.

이 새로운 진화는 시장에 뛰어들고자 하는 사람들에게 새로운 기회가 될 것입니다. 기존의 크리에이터들은 콘텐츠를 통해 물건을 파는 것에 익숙하지 않습니다. 특히 우리 사회에서는 영향력 있는 인플루언서가 물건을 파는 것을 죄악시하는 문화가 어느 정도 존재하고 그래서 많은 크리에이터가 커머스 크리에이터로의 전환을 두려워합니다. 심지어 '팔이피플'이라는 비아냥 섞인 호칭도 있습니다. 그러나 시대는 변하고 있고, 전환을 이루지 못한다면 분명 변화한 시장에서 광고주의 일방적인 선택을 받을 수밖에 없는 콘텐츠 크리에이터쯤으로 머물 확률이 높습니다.

커머스 크리에이터의 영향력은 우리가 상상하는 것 이상으로 커질 것입니다. 중국에서는 커머스 크리에이터의 영향력이 연간 조 단위 매출을 만들어 낼 정도로 커지고 있습니다. 대표적인 예로, 중국판 틱톡인 더우인(抖音)에서 1억 명 이상의 팔로워를 보유한 크리에이터 '미친 동생 양(疯狂小杨哥)'을 들 수 있습니다. 코미디 숏폼으로 시작한 그는 라이브 커머스로 영역을 확장하며, 2023년 한 해에만 MCN(다중 채널 네트워크) 회사를 통해 약 300억 위안(약 5.5조 원)에 달하는 매출을 기록[3]한 것으로 알려졌습니다. 이처럼 한 명의 창작자가 하나의 거대한 기업이 되어가고 있는 현상은, 단순히 중국의 인구가 많기 때문이 아닙니다. 이는 소비자의 구매 결정 과정에서 크리에이터가 갖는 영향력이 브랜드의 그것을 넘어서고 있음을 의미합니다. 과거에는 대중적인 브랜드의 영향력이 중요했지만 개인의 취향과 신뢰가 중요시되는 지금, 크리에이터의 추천이 소비자의 구매 결정에 결정적인 역할을 하게 된 것입니다. 제품과 서비스의 품질이 전반적으로 상향평준화되고 있는 요즘, 이러한 변화는 필연적이라고 할 수 있습니다.

그리고 바로 이 '신뢰'를 가장 빠르고 강력하게 구축하며, '매출'로 즉시 전환시키는 최적의 엔진이 '숏폼'입니다. 숏폼의 알고리즘은 특정 관심사를 가진 수백만 명의 잠재 고객을 정확하게 크리에이터 앞으로 데려다 놓습니다. 또한, 꾸밈없는 날것의 영상 형식은 그 어떤 미디어보다 빠르게 시청자와의 심리적 거리를 좁혀 친밀감과 신뢰를 형성합니다. 마지막으로, 영상 속에서 바로 상품을 구매하게 만드는 '폐쇄 루프' 커머스 기능은 한 치의 망설임 없이 구매로 이어지게 만듭니다. 이처럼

---

3) 사우스차이나모닝포스트, How 2023 earnings of China's top 5 online influencers blow high net worth of some Hollywood icons out of water, 2024. 1. 20.

'신뢰'를 가장 빠르고 강력하게 구축하며,
'매출'로 즉시 전환시키는 최적의 엔진이
'숏폼'입니다.

[타깃 고객 확보 → 빠른 신뢰 구축 → 즉각적인 판매 전환]을 완벽하게 지원하는 숏폼 생태계야말로, '콘텐츠 크리에이터'의 시대를 '커머스 크리에이터'의 시대로 이끄는 강력한 가속 페달이라고 할 수 있습니다.

05
전 국민
숏폼 크리에이터 시대

'탕, 탕, 후루후루 탕탕 후루루루루루' 이 노래 하나로 전국적인 유행을 만든 크리에이터는 당시 초등학교 6학년이던 서이브 양이었습니다. 공중부양하는 듯한 '슬릭백 챌린지'로 2억 뷰를 이룬 효철 군은 중학교 2학년이었습니다. 우연히 만든 숏폼 콘텐츠 하나로 하루아침에 전 세계적인 스타가 되고, 수천 수억 원의 광고 가치와 영향력을 갖게 되는 생태계. 바로 숏폼이 만든 새로운 현실입니다.

이처럼 누구나 스타가 될 수 있는 '전 국민 크리에이터 시대'는 역사상 그 어느 때보다 '만들기는 쉬워지고, 성공의 문은 넓어진' 두 가지 거대한 혁신 덕분에 가능해졌습니다.

'제작의 장벽'이 완전히 무너졌습니다

과거 영상 제작은 전문가의 영역이었습니다. 하지만 이제는 누구나 주머니 속 스마트폰만으로 방송국 수준의 콘텐츠를 만들 수 있게 되었습니다. 특히 모바일 편집 툴의 발전이 눈부십니다. 더 이상 프리미어(Premiere) 같은 고가의 전문 프로그램과 씨름할 필요가 없습니다. 캡컷(CapCut)이나 블로(VLLO) 같은 무료 모바일 앱은 터치 몇 번만으로 화려한 화면 전환과 자막을 구현해 줍니다. 특히 AI 기술이 결합되면서, 과거에는 몇 시간을 투자해야 했던 음성 분석 자막 작업이 단 몇 초 만에 완성됩니다.

뿐만 아니라 '콘텐츠의 재료' 자체가 플랫폼 안에 모두 준비되어 있습니다. 과거 크리에이터를 괴롭혔던 큰 문제 중 하나가 '저작권'이었습니다. 배경음악 하나를 쓰는 데도 복잡한 라이선스를 걱정해야 했습니다. 하지만 쇼츠와 틱톡, 릴스는 수백만 개의 음원을 무료로 제공하는 라이브러리를 구축했습니다. 크리에이터들은 이제 저작권 걱정 없이, 지금 가장 유행하는 사운드 위에 자신의 아이디어를 자유롭게 얹기만 하면 됩니다. 'AI 증명사진' 필터처럼 콘텐츠의 핵심 아이디어가 되는 각종 AR(증강현실) 필터와 이펙트, 다른 사람의 영상에 반응하는 '듀엣'이나 '이어찍기' 기능 역시 마찬가지입니다. 이는 단순히 제작을 쉽게 만드는 것을 넘어, '무엇을 만들어야 할지'에 대한 창작의 고통까지 덜어주는 '창의성의 발판' 역할을 합니다.

'성공의 규칙'이 근본적으로 바뀌었습니다

만들기 쉬워졌다고 해서 모두가 성공할 수는 없습니다. 숏폼 시대가 진

숏폼 알고리즘은
당신의 영상에 시청자들이 얼마나 몰입하고 반응하는지
단 하나만을 평가합니다.

정 혁신적인 이유는, 성공을 결정하는 규칙 자체가 바뀌어 '공평한 운동장'이 만들어졌기 때문입니다.

과거 블로그나 페이스북 같은 SNS 시대의 성장은 '고행'에 가까웠습니다. 영향력을 얻기 위해서는 수개월, 수년 이상 꾸준히 콘텐츠를 올리며 충성도 높은 팔로워와 구독자를 한 명씩 쌓아 올려야만 했습니다. 이미 자리를 잡은 인플루언서나 막대한 광고비를 쓰는 기업이 아닌 이상, 신규 진입자가 주목받기란 하늘의 별 따기였습니다. 영향력은 철저히 '관계를 쌓아온 시간'에 비례했습니다.

하지만 숏폼의 인터레스트 그래프 알고리즘은 과거의 방식이 통용되지 않습니다. 이제 알고리즘은 당신의 팔로워가 몇 명인지, 과거에 얼마나 꾸준히 활동했는지 묻지 않습니다. 모든 영상은 업로드되는 순간, 소수의 테스트 그룹에게 공평하게 노출됩니다. 그리고 오직 영상 자체의 매력, 즉 '시청자들을 얼마나 몰입시키고 반응하게 하는가'라는 단 하나의 기준으로 평가받습니다. 이 테스트를 통과한 콘텐츠는 순식간에 수만, 수백만 명에게 도달하는 기회를 얻습니다. 이는 마치 모든 영상이 동등한 조건의 '오디션'을 보는 것과 같습니다.

인스타그램의 CEO 아담 모세리가 직접 "앞으로 팔로워의 영향력을 줄여가겠다"고 선언했듯이, 이제 ==영향력은 쌓아온 노력이 아닌 콘텐츠 자체의 힘으로 결정==될 수 있습니다. 이것이 바로 평범한 학생이었던 탕후루 챌린지의 서이브 양과 슬릭백 공중부양의 효철 군이 단 하나의 영상으로 세상을 흔들 수 있었던 이유입니다. 우리는 이러한 새로운 시대의 문법을 이해하고 기회를 잡아야 합니다.

06

셀슈머(Sell-Consumer)의 대중화

숏폼이 가져온 혁명은 단순히 '누구나 크리에이터가 될 수 있다'는 것에서 멈추지 않습니다. 이제 그 크리에이터들이 직접 판매자가 되는 '셀슈머(Sell-Consumer)'의 시대가 본격적으로 열리고 있습니다. 셀슈머란, 숏폼 플랫폼을 통해 제품을 판매하는 동시에 소비자로서의 역할을 수행하는 새로운 유형의 사용자를 의미합니다.

    이러한 셀슈머의 등장은 결코 우연이 아닙니다. 여기에는 소비자의 신뢰 이동, 경제 구조의 변화, 그리고 플랫폼의 전략이라는 세 가지 거대한 배경이 존재합니다.

소비자는 더 이상 광고를 믿지 않습니다

우리는 광고의 홍수 속에서 살고 있습니다. 소비자들은 이제 잘 짜인 광고 카피나 연예인의 화려한 보증보다, 나와 비슷한 다른 소비자의 '진짜 경험'을 신뢰합니다. 이러한 '신뢰의 위기' 속에서 셀슈머가 유력한 대안으로 떠올랐습니다. 셀슈머가 공유하는 진솔한 리뷰 영상은 상업적 광고가 아닌, 마치 친한 친구의 진심 어린 추천처럼 느껴집니다. '광고'가 아닌 '정보'로, '설득'이 아닌 '공감'으로 다가가는 셀슈머의 콘텐츠에 소비자들이 지갑을 여는 것은 당연한 결과입니다.

모두가 '추가 수입'을 원하는 시대입니다

평생직장의 개념이 사라지고, 하나의 직업만으로는 만족할 수 없는 'N잡러'의 시대가 도래했습니다. 숏폼커머스는 이러한 시대적 흐름에 가장 완벽한 '사이드 프로젝트'를 제공합니다. 거대한 자본이나 복잡한 유통망 없이, 스마트폰 하나와 자신의 경험만으로 새로운 수익을 창출할 수 있는 기회가 열린 것입니다. 이는 취미로 캠핑 장비를 리뷰하던 직장인이, 육아 경험을 공유하던 주부가 자신의 채널에서 직접적인 판매자로 진화할 수 있는 경제적 토양이 되었습니다.

플랫폼이 적극적으로 대응하고 있습니다

틱톡, 유튜브, 인스타그램과 같은 플랫폼들이 앞다투어 커머스 기능을 도입하는 이유는 명확합니다. 셀슈머의 활동은 플랫폼에게 '새로운 수익원(판매 수수료)'과 '콘텐츠의 무한 확장'이라는 두 마리 토끼를 안겨주기 때문입니다. 크리에이터가 직접 판매자가 되면, 플랫폼은 광고 수익을 넘어 커머스 수수료를 통해 새로운 수익 모델을 구축할 수 있습니다. 또한, 제품 리뷰와 판매 과정 자체가 또 다른 재미있는 콘텐츠가 되어 사용자들을 플랫폼에 더 오래 머물게 합니다. 플랫폼이 크리에이터에게 제품 태그, 라이브 커머스, 인앱 스토어 등 강력한 무기를 쥐여주며 셀슈머로의 진화를 적극적으로 장려하는 이유입니다.

이러한 배경 속에서 등장한 셀슈머는 크게 세 가지 유형으로 나누어 볼 수 있습니다.

◆ 전문가형 셀슈머

특정 분야(요리, 운동, 재테크 등)에 대한 깊은 지식과 경험을 바탕으로 신뢰를 얻고, 관련 제품이나 지식 콘텐츠를 판매하는 유형입니다.

◆ 경험 공유형 셀슈머

육아, 질병 극복, 여행 등 자신의 특별한 경험을 공유하며 비슷한 처지의 사람들과 깊은 공감대를 형성하고, 그 과정에서 사용했던 제품을 자연스럽게 판매하는 유형입니다.

◆ 큐레이터형 셀슈머

제품을 보는 뛰어난 안목을 바탕으로, 수많은 상품 속에서 좋은 제품을 대신 골라주는 '대리 쇼핑' 역할을 합니다. 이들은 자신의 취향을 믿는 팬들에게 제휴 링크 등을 통해 제품을 소개하고 수익을 얻습니다.

결론적으로 셀슈머의 등장은 단순히 새로운 판매자가 늘어난다는 것을 넘어, '경험'과 '신뢰'가 가장 중요한 자산이 되는 새로운 경제 생태계가 만들어지고 있음을 의미합니다. 이제 소비와 생산, 취미와 직업, 일상과 비즈니스의 경계는 완전히 허물어지고 있으며, 당신의 진솔한 경험 하나가 새로운 비즈니스의 시작이 될 수 있는 시대가 바로 지금입니다.

07
기업과 크리에이터, 경쟁을 넘어 상생으로

'전 국민 크리에이터 시대'가 도래하고, 그들이 직접 판매까지 하는 '셀슈머'로 진화하면서, 이제 기업과 크리에이터는 소비자의 한정된 시간을 두고 싸우는 '무한 경쟁의 시대'에 돌입했습니다. 요즘 많은 크리에이터들이 자신의 IP를 바탕으로 브랜드를 만들고 직접 판매까지 합니다. 트렌드 변화에 민첩한 크리에이터의 브랜드가, 오랜 기간 동안 연구해 만든 대기업의 브랜드보다 더 높은 성공 가능성을 보이는 시대가 온 것입니다.

이런 시대를 기업은 어떻게 준비하고, 크리에이터는 어떻게 활용할 수 있을까요? 정답은 '경쟁'이 아닌 '협력', 즉 '상생하는 파트너십'에 있습니다.

기업을 위한 구체적인 상생 전략

먼저 기업의 입장에서는 크리에이터를 단순한 광고 모델로 활용하는 시각에서 벗어나야 합니다.

◆ 「공동 개발 파트너」로의 진화

신제품 기획 단계부터 크리에이터를 참여시켜 시장의 실패 확률을 줄일 수 있습니다. 트렌드에 가장 민감한 크리에이터의 아이디어를 반영한 PB(Private Brand) 상품을 공동 출시하고, 수익을 공유하는 모델은 강력한 협력 방식입니다.

◆ 「내부 자산」으로의 편입

잠재력 있는 크리에이터의 IP에 직접 투자하거나, 사내 직원들을 전문가로 육성하는 '임플로이언서(Employee+Influencer)' 전략을 통해 외부의 경쟁자를 내부의 든든한 자산으로 만들 수 있습니다.

크리에이터를 위한 파트너십 전략

크리에이터 또한 스스로를 '비즈니스 파트너'로 인식해야 합니다.

◆ ROI와 성과의 언어로 소통하기

기업의 최종 목표는 '성장'입니다. 조회수나 '좋아요' 같은 지표를 넘어, 자신의 활동이 어떻게 기업의 매출, 신규 고객 확보, 브랜드 이미지 제고에 기여할 수 있는지 비즈니스의 언어로 증명해야 합니다.

> **Case Study** **유한킴벌리 「그린핑거 베베그로우」 상생 모델**
>
> 유한킴벌리의 영유아 스킨케어 브랜드 '그린핑거 베베그로우'는, 거액의 광고비를 쓰는 대신 34명의 육아맘(KOC: Key Opinion Consumer)을 선발하여 숏폼 전문가로 직접 양성하는 프로젝트를 진행했습니다. 브랜드는 이들에게 숏폼 제작 노하우와 마케팅 교육을 제공했고, 육아맘들은 진정성 있는 자신들의 경험을 담아 100일 동안 546개의 콘텐츠를 만들어냈습니다.
>
> 그 결과, 영상은 총 조회수 1,400만 뷰를 기록하고 온라인 매출은 두 배나 증가하는 놀라운 성과를 거두었습니다. 이는 기업이 크리에이터를 '교육'하고 '육성'하는 파트너가 될 때, 크리에이터가 브랜드의 가장 강력한 '자산'이 될 수 있음을 보여주는 대표적인 사례입니다.
>
> 결국 숏폼 시대는 광고주와 크리에이터의 '갑을 관계'가 아닌, 공동의 목표를 향해 함께 성장하는 파트너로서의 관계 재설정을 요구하고 있습니다.

◆ **대체 불가능한 브랜드 구축**

일회성 광고 수익에 연연하기보다, 장기적인 신뢰를 바탕으로 자신만의 전문성과 진정성을 갖춘 브랜드를 구축하는 것이 중요합니다. 한 번의 영향력이 오래가기 위해서는 기업의 전문적인 서포트가 필수적이기 때문입니다.

지금까지 우리는 숏폼 커머스라는 거대한 파도가 비즈니스에 선택이 아닌 필수가 되었고, 이 새로운 시장의 규칙이 어떻게 쓰이고 있는지를 다양한 관점에서 살펴보았습니다. 이제 '왜(Why)'라는 질문에 대해서는 답을 찾으셨을 겁니다.

그렇다면 이 거대한 변화의 파도 위에서 우리는 무엇을 해야 할까요? 먼저 파도의 정체를 정확히 이해하고(What), 그 위에서 능숙하게 서핑하는 법(How)을 배워야 합니다. 이어지는 'What' 챕터에서는 숏폼 생태계를 움직이는 핵심적인 문법과 로직을 파헤칠 것입니다. 돈으로 살 수 없는 100만 조회수의 비밀인 알고리즘의 원리부터, 각 플랫폼의 미묘한 차이, 그리고 수많은 오해와 진실까지. 새로운 시장을 공략하기 위해 반드시 알아야 할 '지도'를 함께 그려보겠습니다.

그리고 마지막 'How' 챕터에서는 이 지도를 바탕으로 실제 전투에서 승리하기 위한 구체적인 전술과 전략을 다룰 것입니다. 이 전략들은 단순한 이론의 나열이 아닙니다. 지난 5년간 저희 팀이 숏폼 업계를 선도하는 숏폼 에반젤리스트 그리고 숏폼 전문 기업으로 활동하며 얻은 경험과, 전 세계의 수많은 성공 및 실패 사례를 철저히 분석하여 도출해 낸 생생한 결과물입니다. 저희가 겪은 수많은 시행착오를 바탕으로, 소중한 시간을 아껴줄 가장 효과적인 성공 노하우만을 압축했습니다. 매력적인 콘셉트를 잡는 법, 팔리는 콘텐츠를 만드는 기술은 물론, 직접 숏폼을 만들지 않고도 새로운 생태계를 공략하는 법에 이르기까지, 브랜드와 크리에이터 각자의 입장에서 활용할 수 있는 실전 인사이트를 통해 여러분의 손에 강력한 '무기'를 쥐어드리겠습니다. 이제, 새로운 시대의 주인공이 되기 위한 구체적인 여정을 시작할 준비가 되셨습니까? 다음 장에서 그 첫걸음을 함께 내딛겠습니다.

CHAPTER

02

WHAT

숏폼 커머스에 대한 이해

1. 왜 우리는 틱톡부터 공부해야 하는가?
2. 숏폼, 브랜딩을 넘어 판매를 지배하다
3. 숏폼 커머스 승리의 공식:
   '숏폼 퍼널 설계'와 '2세대 라이브 커머스'
4. 숏포머블한가? 숏폼에 맞는 프로덕트가 있다
5. 숏폼 플랫폼: 새로운 기회는 어디에 있는가?

틱톡, 유튜브, 인스타그램 등
숏폼 커머스 시장에서의
승리를 위해
숏폼력이라는 강력한 무기를
준비해야 합니다.

01

왜 우리는
틱톡부터 공부해야 하는가?

지금부터 우리는 숏폼 커머스의 본질(What)을 파헤쳐, 이 새로운 시장의 '지도'를 그릴 것입니다. 그리고 첫 작업은, 바로 '틱톡(TikTok)'이라는 대륙을 탐험하는 것에서 시작해야 합니다.

왜일까요? 숏폼 커머스라는 개념 자체가 틱톡에 의해 탄생하고 정의되었기 때문입니다. 정확히는 중국 내수용 플랫폼인 '더우인(抖音)'에서 먼저 시작된 숏폼이란 성공 모델이 글로벌 플랫폼인 '틱톡(TikTok)'으로 확장된 것입니다. 틱톡은 역사상 최초로 숏폼 콘텐츠와 전자상거래의 완벽한 융합 모델을 만들어 성공시켰습니다. 영상 속 상품을 바로 클릭해 앱 안에서 구매까지 마치는 '폐쇄 루프'의 생태계, 사용자의 무의식적인 관심사를 파고드는 강력한 추천 알고리즘, 그리고 라이브 커

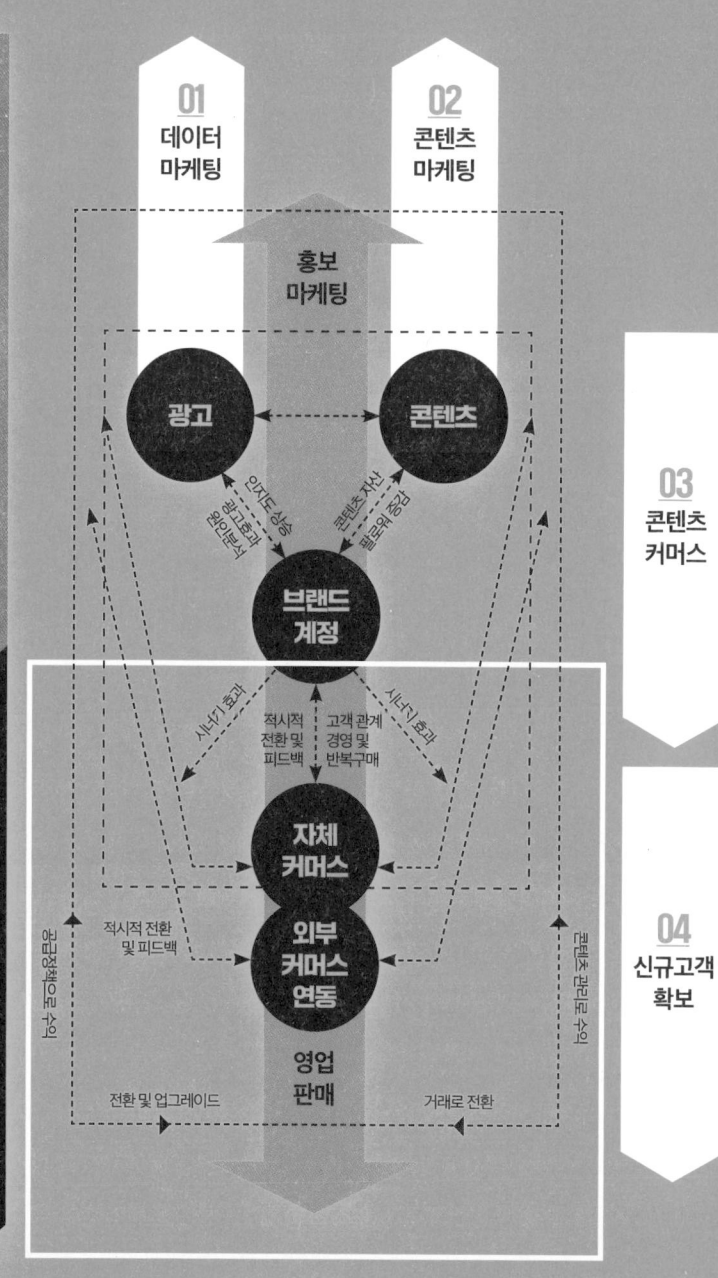

머스와의 유기적인 연동까지 더했습니다.

저는 지난 몇 년간 이 두 플랫폼의 진화를 연구하며, 중국 더우인에서 먼저 검증된 성공 공식이 시차를 두고 글로벌 틱톡과 다른 플랫폼에 적용되는 모습을 목격해왔습니다. 그렇기에 우리는 '더우인'의 현재를 통해 숏폼 커머스의 가까운 미래를 예측할 수 있습니다.

틱톡이 만든 대부분의 것이 숏폼 커머스의 '표준(Standard)'이 되었습니다. 실제로 유튜브, 인스타그램, 네이버 등 모든 후발주자들은 틱톡의 성공 공식을 벤치마킹하며 자사의 UI/UX와 커머스 전략을 수정하고 있습니다.

유튜브는 '유튜브 쇼핑' 기능을 본격적으로 확장하며, 크리에이터가 자신의 쇼츠(Shorts) 영상에 직접 상품을 태그하고 채널 내 스토어를 개설할 수 있도록 지원하고 있습니다. 이는 틱톡샵의 모델과 매우 유사합니다.

인스타그램 역시 릴스(Reels) 내에서 제품을 태그하는 기능을 강화하고, 앱 내에서 바로 결제까지 이어지는 '인스타그램 체크아웃' 기능을 통해 틱톡처럼 매끄러운 쇼핑 경험을 구축하려 노력하고 있습니다.

==하지만 우리가 반드시 기억해야 할 점이 있습니다. 틱톡이 제시한 모델이 많은 플랫폼이 지향하는 최종 목표인 것은 분명하지만, 모든 플랫폼이 틱톡과 똑같아지지는 않을 것입니다.== 각 플랫폼은 저마다 태생과 강점이 다르기 때문입니다. 검색 엔진으로 성장한 유튜브는 정보 탐색과 쇼핑을 연결하려 할 것이고, 강력한 관계망을 가진 인스타그램은 지인의 추천과 라이프스타일을 구매 동기로 활용할 것입니다.

누가 글로벌 숏폼 커머스 시장의 최종 승자가 될지는 아직 아무도 알 수 없습니다. 하지만 중요한 것은 '어떤 플랫폼이 이기는가'가 아니라, 이 모든 플랫폼에서 공통적으로 통용될 '숏폼'이라는 강력한 무기를 우리가 준비해야 한다는 사실입니다. 따라서 우리는 틱톡의 사례를 통해 핵심 원리를 배우되, 궁극적으로는 어떤 플랫폼에서든 기회를 잡을 수 있는 '숏폼 활용법' 자체를 익혀야 합니다. 이어지는 챕터에서 그 구체적인 방법을 하나씩 배워나가겠습니다.

02
숏폼, 브랜딩을 넘어 판매를 지배하다

숏폼이 다양한 플랫폼에 도입되던 초기에는 브랜드 인지도와 소비자의 참여를 높이는 '브랜딩'에 초점이 맞춰져 있었습니다. 그러나 최근 숏폼은 단순히 브랜드를 알리는 것을 넘어, 직접적인 매출을 창출하는 가장 강력한 '판매' 도구로 자리 잡고 있습니다. 그렇다면 숏폼을 활용한 '브랜딩' 중심의 접근과 '판매' 중심의 접근은 구체적으로 무엇이 다를까요? 이 두 가지는 목표, 콘텐츠 전략, 그리고 성공을 측정하는 방식(KPI)에서 명확한 차이를 보입니다.

브랜딩 중심 접근 Top-of-Funnel		판매 중심 접근 Bottom-of-Funnel
인지도 & 도달 극대화 우리 브랜드를 최대한 많은 사람에게 알리고, 긍정적인 이미지를 각인시키는 것.	핵심 목표	**직접적인 매출 & 전환** 시청자가 영상을 본 직후, 구매나 상담 신청 등 구체적인 행동을 하도록 만드는 것.
'재미와 공감' 기반의 바이럴 콘텐츠 · 트렌드 챌린지, 유머, 감동적인 스토리텔링 등 누구나 가볍게 즐기고 '공유'하고 싶게 만드는 데 집중. · 브랜드나 제품은 은유적으로, 혹은 이야기의 일부로 자연스럽게 노출.	콘텐츠 전략	**'효과와 정보' 기반의 설득 콘텐츠** · 제품 사용법, 비포&애프터, 문제 해결 과정, 고객의 실제 후기 등을 명확하게 보여주는 데 집중 · "지금 바로 구매하세요", "더보기 링크 클릭" 등 강력하고 직접적인 CTA(행동 유도)가 필수.
참여(Engagement) 관련 지표 · 조회수, 공유, 댓글, 좋아요 · 팔로워 증가 수, 해시태그 언급량	주요 성공 지표 (KPI)	**전환(Conversion) 관련 지표** · 클릭률(CTR), 구매 전환율(CVR) · 광고 대비 수익률(ROAS)

브랜드를 위한 숏폼 vs. 판매를 위한 숏폼

이러한 흐름을 증명하듯, 국내 대표 디지털 마케팅 기업인 메조미디어는 '2025년 트렌드 리포트'에서 4대 핵심 트렌드 키워드 중 하나로 '숏폼 커머스'를 선정했습니다. 보고서는 숏폼이 단순히 재미와 정보를 제공하는 채널을 넘어, 소비자의 구매 여정 전반에 직접적인 영향을 미치는 핵심 '판매 채널'로 진화했다고 분석했습니다. 이는 숏폼이 더 이상 브랜딩의 보조 수단이 아닌, 이커머스의 판도를 바꾸는 '게임 체인저'가 되었음을 의미합니다.

이러한 변화의 중심에는 플랫폼들의 커머스 기능 강화가 있습니다. 특히 글로벌 시장에서 틱톡샵(TikTok Shop)의 성공은 모든 플랫폼의 벤치마킹 대상이 되었습니다. 2023년 9월 미국에 정식 출시된 틱톡샵은 1년도 안 되어 약 90억 달러(약 12조 원)의 시장을 형성할 만큼 폭발적인 반응을 이끌어냈습니다.

또한 틱톡의 가장 강력한 경쟁자인 유튜브 역시 '유튜브 쇼핑(YouTube Shopping)'을 통해 숏폼 커머스 생태계 구축에 공격적으로 나서고 있습니다. 유튜브는 크리에이터가 쇼츠 영상에 직접 상품을 태그(Tag)하는 기능을 전 세계적으로 확대하고 있으며, 시청자가 영상을 보다가 마음에 드는 상품을 바로 클릭하여 구매할 수 있도록 지원합니다. 특히 2025년 5월 미국에서 진행한 실험에 따르면, 단순히 쇼핑 버튼을 표시했을 때보다 영상 위에 제품 스티커를 직접 표시했을 때 상품 클릭 수가 40% 이상 증가하는데, 이처럼 유튜브는 더욱 직접적이고 효과적인 판매 방식을 끊임없이 도입하고 있습니다. 국내에서는 크리에이터들이 자신의 채널에서 직접 상품을 판매할 수 있도록 카페24, 마플, 쿠팡, 올리브영 등 주요 커머스 솔루션과의 연동을 강화하고, 브랜드의 제품을 대신 홍보하며 판매 수수료를 얻는 제휴 마케팅(Affiliate Marketing) 프로그램을 확장하는 등 숏폼 크리에이터가 '판매자'가 될 수 있도록 길을 열어주고 있습니다.

소비자들 역시 이러한 변화에 빠르게 적응하고 있습니다. 실제로 보스턴컨설팅그룹(BCG)의 보고서에 따르면, ==소비자들은 AI가 추천해주는 콘텐츠를 통해 상품을 '발견'하는 쇼핑 방식이 여러 상품을 직접 검색하고 비교해야 하는 이전의 방식보다 정신적 노력이 덜 들고 편리하기에 더욱 선호하는 것으로 나타났습니다.== 숏폼의 알고리즘 추천 정확도가 높아질수록 구매 만족도는 상승하고, 이는 자연스럽게 숏폼을 통한 구매 빈도 증가로 이어지는 것입니다.

이러한 현상이 가장 극적으로 나타난 곳은 중국입니다. 대한무역투자진흥공사(KOTRA)에 따르면, 중국의 숏폼 커머스는 2018년 전체 이커머스 시장에서 3% 미만을 차지했지만, 불과 5년 만인 2023년에는 그 비중이 약 31.8%까지 폭발적으로 성장했습니다.[4] 이는 특정 국가의 특수성을 넘어, AI가 제공하는 개인화된 쇼핑 경험에 인간이 얼마나 빠르게 익숙해지는지를 보여주는 명백한 증거입니다.

이미 K-뷰티, K-푸드 같은 한국 제품들은 숏폼 콘텐츠를 통해 글로벌 시장에서 큰 인기를 얻고 있으며, 이는 국내 기업들이 해외 시장에서 성공할 수 있는 새로운 기회를 열어주고 있습니다. 초기 브랜딩 중심 접근법에서 판매 중심 전략으로의 전환은, 이제 거스를 수 없는 흐름이자

---

4) 중국 상무부(MOFCOM) 발표 및 대한무역투자진흥공사(KOTRA), '중국 라이브 커머스 시장 동향', 2024년 4월

> **Case Study**

숏폼이 만든 K-브랜드의 성공 신화

K-뷰티:
'진솔한 리뷰' 하나로 아마존을 정복한 코스알엑스(COSRX)

K-뷰티 브랜드 코스알엑스의 '어드밴스드 스네일 96 뮤신 파워 에센스'는 숏폼 바이럴의 가장 대표적인 성공 사례입니다. 이 제품은 거액의 광고비를 투입한 캠페인이 아니라, 틱톡의 수많은 뷰티 크리에이터들이 자발적으로 올린 '찐 후기(진솔한 리뷰)'를 통해 입소문이 나기 시작했습니다. ==달팽이 점액이라는 독특한 성분이 숏폼의 시각적 호기심을 자극==했고, #snailmucin 해시태그는 수억 회의 조회수를 기록하며 챌린지처럼 번져나갔습니다. 그 결과, 이 제품은 2022년과 2023년 연속으로 아마존 '뷰티&퍼스널 케어' 부문 베스트셀러 1위를 차지하는 기염을 토했습니다. 이는 잘 만든 제품이 숏폼이라는 '발견의 장'을 만나 어떻게 거대한 성공을 거둘 수 있는지 보여주는 완벽한 증거입니다.

K-푸드:
'챌린지 놀이'로 세계를 뒤흔든 삼양 불닭볶음면

삼양식품의 '불닭볶음면'은 숏폼 시대의 '놀이 문화'가 어떻게 글로벌 메가히트로 이어지는지를 보여줍니다. ==전 세계 사용자들이 극강의 매운맛에 도전하고 그 반응을 공유하는 #buldakramen 챌린지==는 틱톡에서 하나의 거대한 밈(Meme)이자 놀이가 되었습니다. 특히, 까르보나 불닭볶음면이 미국에서 품귀 현상을 빚을 정도로 큰 인기를 끌자, 삼양식품의 주가는 2024년에만 70% 이상 급등하기도 했습니다. 이는 소비자들이 단순히 제품을 '소비'하는 것을 넘어, 제품을 가지고 '놀고(Play)' 그 과정을 '공유'하며 스스로 가장 강력한 마케터가 되어주는 숏폼 시대의 특징을 명확히 보여줍니다.

디지털 경제의 핵심 동력입니다. 브랜드들이 더 많은 고객을 확보하고 매출을 늘리기 위해 지금 당장 '숏폼력'을 길러야 하는 이유입니다.

검색의 시대: 소비자가 상품을 찾아 떠나는 여정

쿠팡이나 아마존 같은 전통 커머스는 '검색의 시대'의 방식을 사용했습니다. 소비자는 '나는 특정 물건이 필요하다'는 명확한 목적을 가지고, 주체적으로 정보를 검색해 여러 상품을 비교한 후 구매를 결정했습니다. 이처럼 소비자의 명확한 '의지'에 의해 모든 구매 과정이 진행되었습니다.

발견의 시대: 상품이 소비자를 찾아오는 혁명

하지만 숏폼 커머스는 '발견의 시대'를 열었습니다. 이는 페이스북의 모회사 '메타(Meta)'가 정의한 '디스커버리 커머스(Discovery Commerce)' 개념과 일맥상통합니다. '사람이 상품을 찾는' 시대에서, 이제는 'AI를 통해 상품이 사람을 찾아오는' 시대로 바뀌고 있습니다.

소비자는 재미있는 콘텐츠를 무의식적으로 넘겨볼 뿐이지만, AI 알고리즘이 그들의 소비 습관과 취향 데이터를 분석하여 좋아할 만한 상품을 '발견'시켜 줍니다. 예를 들어, 캠핑에 한 번도 가본 적 없는 사람이 우연히 캠핑 크리에이터의 숏폼을 몇 번 본 것만으로, 알고리즘은 그를 '잠재적 캠핑족'으로 분류하고 감성적인 디자인의 캠핑 의자 영상을 추천해줍니다. 그 결과, 소비자의 구매 과정은 [검색 → 비교 → 구매]에서

[콘텐츠 시청 → 즉시 구매]로 극적으로 단축됩니다.

이러한 변화는 소비를 더욱 '감성적'이고 '충동적'으로 만듭니다. 수많은 사람들이 사용하는 모습을 보며 '나만 없는 것 같다'는 FOMO(Fear Of Missing Out) 심리를 자극하고, 크리에이터의 진솔한 후기는 '믿을 만한 친구의 추천'과 같은 강력한 사회적 증거(Social Proof)로 작용하여 이성적인 비교 과정의 필요성을 없애버립니다.

광고가 전달하는 메시지의 목적과 방식 변화

이러한 소비자 경험의 차이는 광고의 형태마저 바꾸고 있습니다. 전통 커머스의 광고는 CPC(클릭당 비용)나 CPM(노출당 비용)을 지불하며 브랜드의 메시지를 일방적으로 전달하는 방식이었습니다. 하지만 숏폼 커머스에서는 사용자의 참여를 유도하는 '인터렉티브 콘텐츠'가 가장 효과적인 광고의 역할을 합니다.

기존 광고는 상업적인 목적이 명확해 사용자의 반응을 유도하지 못하고, 결국 알고리즘의 선택을 받기 어렵습니다. 반면, 잘 만든 숏폼 콘텐츠는 그 자체가 재미와 정보를 주기 때문에 사용자의 자발적인 공유와 참여를 통해 광고비 없이도 바이럴 확산이 가능해집니다. 이제 내 상품을 알리기 위해 광고를 만드는 방식 또한 숏폼에 적응해야 하는 시기가 되었습니다.

짧지만, 결코 쉽거나 저렴하지 않은 이유

많은 기업들이 숏폼은 '짧으니까 만들기 쉽고 저렴할 것'이라는 큰 오해에 빠지곤 합니다. 하지만 현실은 정반대입니다. 숏폼 콘텐츠는 길이가 짧기에 오히려 더 높은 수준의 전략과 기획력을 요구합니다. 단 몇 초만에 시청자의 시선을 사로잡아 감성을 자극하고, 메시지를 전달하며 최종 행동까지 유도해야 하는 이 과정은, 긴 호흡의 영상보다 훨씬 더 정교한 압축과 설계가 필요하기 때문입니다.

숏폼의 성공은 영상의 '길이'가 아니라, 시청자의 반응을 이끌어내는 '콘텐츠의 힘'에 의해 결정됩니다. 그리고 그 힘은 수많은 아이디어를 기획하고 빠르게 제작해 데이터를 기반으로 끊임없이 실험하는 과정에서 나옵니다. 즉, 단순 제작비가 아닌 '전략 기획'과 '반복 실험'에 더 많은 투자가 필요합니다. 저예산으로 안일하게 접근했다가는 아무런 반응도 얻지 못하고 시간과 비용만 낭비하게 될 확률이 높다는 사실을 알아야 합니다.

결국 숏폼 커머스는 1분이라는 압축된 형식 때문에 복잡한 설명보다 시각적, 감성적 요소가 강조됩니다. 짧은 순간에 눈길을 사로잡고, 없던 니즈를 만들며, 마지막 행동 유도(CTA)까지 이끌어내는 고도로 압축된 설계를 요구합니다. 이처럼 치밀하게 설계된 콘텐츠가 사용자의 반응을 얻을 때, 자고 일어났더니 억대 매출이 발생하는 기적이 일어나는 것입니다.

03

숏폼 커머스 승리의 공식: '숏폼 퍼널 설계'와 '2세대 라이브 커머스'

많은 사람들이 숏폼 커머스에 대해 갖는 가장 큰 오해는 1분 내외의 짧은 영상을 보고 바로 구매 버튼을 누를 것이라 기대하는 점입니다. 하지만 실제로 숏폼 커머스가 시작된 중국의 숏폼 커머스 생태계를 보면, 짧은 영상이 직접 판매로 연결되는 경우는 전체 매출의 10% 미만입니다. 그렇다면 대부분의 매출은 어디서 발생할까요? 그 비밀은 바로 '라이브 커머스'에 있습니다.

숏폼 커머스의 핵심 로직은, 숏폼 영상을 고객을 유입시키는 '깔때기(Funnel)'로 활용하는 것입니다. 먼저, 잘 만든 숏폼 콘텐츠가 알고리즘을 타고 수많은 잠재 고객에게 도달하여 관심을 유발합니다. 그리고

Case Study

틱톡샵은 어떻게 세계 시장을 바꾸었나?

이러한 공식은 틱톡샵의 글로벌 확장 과정에서 명확히 증명되었습니다. 2022년 영국과 동남아에서 베타 테스트를 시작했을 때, 서구 시장은 라이브 커머스에 대한 낮은 수용성 때문에 초기 반응이 기대에 미치지 못했습니다. 하지만 틱톡은 플랫폼의 영향력을 바탕으로 꾸준히 생태계를 구축했고, 2023년에는 판매자 수가 두 배로 증가하며 잠재력을 입증했습니다.

특히 동남아 시장의 성장은 폭발적이었습니다. 인도네시아, 태국, 베트남 등에서 라이브 커머스와 숏폼 콘텐츠가 결합된 모델이 큰 호응을 얻으며, 총 상품 거래액(GMV)은 2022년 44억 달러에서 2023년 163억 달러로 거의 4배나 급증했습니다.

반면, 2023년 9월 정식 출시된 미국 시장은 다른 양상을 보였습니다. 라이브 커머스 비중은 전체 매출의 10% 미만이었지만, 숏폼 콘텐츠를 통한 직접 판매가 큰 성공을 거두며 단숨에 틱톡샵의 최대 시장으로 부상했습니다. 이처럼 틱톡은 각 시장 특성에 맞게 '쇼퍼테인먼트' 경험을 제공하며, 기존 플랫폼들보다 훨씬 높은 참여율과 전환율을 기록하고 있습니다. 이제는 모든 플랫폼들이 틱톡의 성공 방식을 따라 UI/UX를 변경하며 이 거대한 흐름에 동참하고 있습니다.

그 관심이 최고조에 달했을 때, 시청자들은 동시에 진행되고 있는 라이브 방송으로 자연스럽게 유입됩니다. 라이브 방송에서는 실시간 소통으로 신뢰를 쌓고 제품에 대해 충분한 설명을 들은 후, 최종적으로 구매 버튼을 클릭하게 됩니다. 즉, 숏폼의 짧고 압축적인 메시지가 가진 한계를 라이브 커머스의 깊이 있는 소통으로 보완하는 것이 바로 승리의 공식입니다.

여기서 중요한 점은, 숏폼 시대의 라이브 커머스는 과거와 다르다는 것입니다. 정해진 시간에 스튜디오에서 진행하던 '1세대 라이브 커머스'와 달리, 지금은 오프라인 매장이나 일상 속에서 24시간 실시간으로 팬들과 소통하는 '2세대 라이브 커머스'로 진화하고 있습니다. 이는 마치 영화 <트루먼 쇼>처럼, ==크리에이터의 삶과 서사 자체가 하나의 거대한 판매 채널이 되는 새로운== 세상입니다.

성공의 두 날개: 숏폼력과 상품력

그렇다면 이 새로운 생태계에서 성공하기 위해 반드시 갖춰야 할 핵심 역량은 무엇일까요? 바로 '숏폼력'과 '상품력'이라는 두 개의 날개입니다.

'숏폼력'은 돈으로 살 수 없는 능력, 즉 알고리즘의 선택을 받아 콘텐츠를 수많은 잠재 고객에게 도달시키는 힘을 의미합니다. 아무리 좋은 제품이 있어도, 콘텐츠가 노출되지 않으면 아무런 의미가 없습니다. 숏폼의 노출 알고리즘을 철저히 공부하고, 사용자의 자연스러운 반응(오가닉 인터랙션)을 만드는 방법을 숙지하는 것이 무엇보다 중요합니다. 많은 이들이 운이라 생각하는 100만 조회수는, 사실 '알고리즘의 축복'이라는 우연이 아니라 이 '숏폼력'이라는 능력의 영역에 가깝습니다.

'상품력'은 제품 자체의 경쟁력보다, 숏폼에 적합하거나 '숏포머블'한 제품에 가깝습니다. 해당 내용은 다음장에서 자세히 알아보겠습니다.

04

숏포머블한가?
숏폼에 맞는 프로덕트가 있다

숏폼 시장을 공략하기 전 반드시 체크해야 하는 것이 있습니다. 바로 우리의 제품과 서비스가 '숏포머블'한지 확인하고 준비하는 것입니다. '숏포머블(Shortformable)'의 정의는 제품이나 서비스가 숏폼 콘텐츠로 표현되기에 적합한 특성을 가지고 있는 것을 의미합니다. 이는 시각적 매력, 특징적인 사용법, 그리고 소비자 참여 유도 요소의 존재 유무 등으로 구분될 수 있습니다. 숏폼 콘텐츠에서는 시각적 매력이 중요합니다. 제품이 색상, 디자인, 또는 사용 장면에서 강렬한 인상을 줄 수 있어야 합니다. 또한 특징적인 사용법으로 숏폼의 효과를 극대화할 수 있습니다. 사용법이 단계별로 존재한다든지, 이 제품과 서비스만의 사용법이 존재한다든지, 없다면 바이럴적인 요소가 될 수 있는 사용법을 설계하는 것도 가능합니다. 마지막으로 소비자의 참여를 이끄는 요소를 설계하는 것이 중요합니다. 비용을 들여 바이럴이나 판매를 목적으로 만든 콘텐츠가 다른 유저들의 자발적 참여로 확산되는 것만큼 좋은 것이 없습니다. 그러기 위해서는 사용자 경험에서 <mark>사용자들이 직접 콘텐츠를 생성해 바이럴할 수 있을 만큼의 강력한 포인트가 있어야</mark> 합니다. 이런 숏포머블한 요소가 R&D 단계부터 존재한다면 더할 나위 없이 좋지만, 대부분 이런 설계를 제품의 R&D 단계부터 준비하는 브랜드는 많지 않습니다. 그렇다면 우리는 그러한 요소를 전략적으로 만들어 낼 수 있는데, 이런 요소를 만들고 기획, 설계할 때 다음의 내용을 검토할 필요가 있습니다.

사용자 경험 중심 디자인

사용자 경험을 중심으로 숏포머블한 요소를 찾습니다. 발명보다는 발견이 좋습니다. 내 제품과 유사한 카테고리 제품군을 검색하고 그곳에서 숏폼의 요소로 표현된 제품을 분석하며 발견합니다. 우리 제품의 성능을 중심으로 경쟁제품을 찾을 수도 있고, 같은 카테고리 제품군에서 찾을 수도 있습니다. 수많은 숏폼 중에 바이럴이 극대화된 포인트를 찾아 그것을 우리 제품의 포인트로 찾아야 합니다.

스토리텔링 요소 고려

브랜드 제품은 제품 자체의 속성뿐 아니라 제품을 둘러싸고 있는 환경,

만든 사람, 파는 사람 등의 스토리텔링 요소 속에서 숏포머블한 요소를 만들어 낼 수 있습니다. 개발과정이나 창업자, 혹은 판매자의 이야기를 스토리텔링에 포함하여 공감대를 형성하고 숏포머블한 콘텐츠를 만드는 것도 하나의 방법입니다.

'수건 케이크'가 좋은 예시가 될 수 있습니다. 사실 이 제품은 얇은 크레이프를 여러 겹 쌓은 '밀크레이프 케이크'의 한 종류입니다. 만약 이 제품이 '초박형 다층 크레이프 케이크'와 같은 개발자의 관점에서 만들어진 이름으로 출시되었다면 바이럴이 될 수 있었을까요? 아마 어려웠을 겁니다. 하지만 수건처럼 돌돌 말린 모양에 착안해 '수건 케이크'라는 이름을 붙이자, 마법 같은 일이 벌어졌습니다. 수많은 크리에이터들이 케이크를 실제 수건과 비교하고, 돌돌 말고, 짜보는 등 이름 자체를 가지고 '놀기' 시작한 것입니다. 제품의 이름과 형태가 크리에이터들에게 창작의 영감을 주는 '콘텐츠 재료'가 된 것입니다.

바로 이 지점이 '개발자의 관점'과 '크리에이터의 관점'의 결정적인 차이입니다. 개발자는 제품의 맛, 성분, 기술력에 집중하지만, 크리에이터는 '이것으로 어떤 재미있는 이야기를 만들 수 있을까?'를 봅니다. 숏폼 시대의 '상품력'은 바로 이 크리에이터의 관점에서 시작됩니다. 시각적으로 단번에 눈길을 끌거나, 사용법이 독특하여 바이럴되기 쉬운 제품이 훨씬 더 강력한 상품력을 가집니다.

이렇게 우리 상품이 숏폼에 어울리는지 되돌아보고, 부족하다면 제품 전략부터 다시 고민해야 합니다. 또한 다른 곳에서는 살 수 없다는 '희소성'을 만들어 줄 차별화된 유통 전략 역시 중요합니다. 유저 입장에서 굳이 숏폼을 통해 구매할 명분을 만들어 주어야 하기 때문입니다. 결국 이 두 가지 힘, 즉 **콘텐츠를 띄우는 '숏폼력'과 팔릴 수밖에 없는 '상품력'**을 모두 갖출 때, 비로소 숏폼 커머스라는 새로운 시장의 승자가 될 수 있습니다.

05

숏폼 플랫폼:
새로운 기회는 어디에 있는가?

틱톡이 글로벌 시장을 선도하며 숏폼 커머스의 표준을 만들어가고 있음은 앞서 소개해 드린 바 있습니다. 하지만 모든 비즈니스가 틱톡에서만 기회를 찾아야 하는 것은 아닙니다. 틱톡의 확장에 따라, 기존의 강자인 유튜브와 인스타그램, 그리고 우리나라의 네이버와 당근, 카카오까지 각자의 강점을 살려 숏폼 생태계를 구축하고 있기 때문입니다.

글로벌 시장에서는 틱톡이 앞서가고 있지만, 우리의 진짜 기회는 각 플랫폼의 고유한 특징과 그곳에 모인 사용자들의 차이를 이해하는 데서 시작됩니다. 지금부터 주요 숏폼 플랫폼들이 어떻게 대응하고 성장해 왔는지, 그리고 우리는 각 플랫폼을 어떻게 활용해야 하는지 살펴보겠습니다.

유튜브 쇼츠: '검색'과 '신뢰' 기반의 정보 허브

유튜브는 2025년 기준, 전 세계에서 가장 많은 사용자를 보유한 동영상 플랫폼이자 구글 다음으로 가장 큰 검색 엔진입니다. 전통적으로 긴 형식의 동영상에 강점을 가졌던 유튜브는, 2020년 쇼츠를 출시하며 숏폼 시장에 본격적으로 진출했습니다.

◆ **핵심 전략**

유튜브의 가장 큰 무기는 '검색 기반 노출'과 '기존 채널 시너지'입니다. 쇼츠 콘텐츠는 유튜브 검색 결과에 노출될 뿐만 아니라, 특정 주제에 대한 깊이 있는 정보를 담은 기존 롱폼 영상의 '예고편' 또는 '핵심 요약' 역할을 수행할 수 있습니다. 예를 들어, 1분짜리 쇼츠로 흥미를 유발한 뒤, 더 자세한 정보는 10분짜리 본편 영상으로 유도하여 시청자와의 관계를 깊게 만드는 전략이 가능합니다.

◆ **수익화 모델**

쇼츠 조회수를 통한 '크리에이터 펀드' 수익 분배는 크리에이터에게 안정적인 수익 모델 중 하나로, 양질의 콘텐츠 제작을 유도하는 강력한 동기가 되어왔습니다. 하지만 이는 시장을 만들기 위한 한시적인 이벤트일 가능성이 높습니다. 조회수의 수익보다는 '유튜브 쇼핑' 기능을 통해 쇼츠 영상에 직접 제품을 태그하고 판매하는 커머스 기능, 혹은 어필리에이트 수수료를 목적으로 하는 것이 좋습니다.

◆ **기회**

정보성 콘텐츠, 즉 전문 지식을 다루거나 제품의 상세한 사용법, 리뷰 등을 제공하는 비즈니스에 가장 적합합니다. 시청자들은 재미뿐 아니라 '정보'를 얻기 위해 유튜브를 찾기 때문에, 신뢰를 기반으로 한 전문가 콘셉트의 채널이 성공할 가능성이 높습니다. 이는 물론 초기에 시장이 형성될 단계에 해당하며, 시간이 지나며 시장이 성숙함에 따라 전 산업의 영역으로 확장될 가능성이 높습니다.

인스타그램 릴스: '비주얼'과 '관계' 중심의 트렌드 세터

메타(페이스북, 인스타그램의 모회사)는 틱톡에 대항하기 위해 릴스에 막대한 투자를 하고 있습니다. 릴스의 핵심 전략은 인스타그램이 이미 보유한 '강력한 소셜 그래프(관계망)'와 '압도적인 시각적 감성'을 숏폼과 결합하는 것입니다.

◆ **핵심 전략**

릴스는 친구나 인플루언서의 게시물을 통해 자연스럽게 노출되며, 인스타그램 특유의 세련되고 감각적인 비주얼이 강조됩니다. 이미 구축된 '인스타그램 샵'과 '제품 태그' 기능은 릴스와 완벽하게 연동되어, 시청자가 아름다운 콘텐츠를 보다가 즉시 제품 정보를 확인하고 구매까지 이어지는 가장 매끄러운 쇼핑 경험을 제공합니다.

◆ **수익화 모델**

크리에이터들은 브랜드와의 광고 협업이나, 제휴 마케팅 수수료를 통해 수익을 창출합니다. 패션, 뷰티, 인테리어, 여행 등 시각적인 매력이 중요한 카테고리에서 강력한 영향력을 발휘합니다. 특히 인스타그램의 강력한 소셜 그래프는 신뢰를 기반으로 한 공동 구매(공구) 문화를 만들어내며 새로운 시장을 창출하고 있습니다. 인스타그램에서 형성된 공구 시장은 소비자와 판매자 모두에게 매력적인 쇼핑 시장으로 자리잡고 있는데, 시장 규모는 빠르게 성장 중이며 대기업 브랜드도 새로운 유통채널로 진입하는 케이스가 많아지고 있습니다. 공구 시장은 앞으로 초개인화가 핵심 트렌드로 자리 잡을 전망인데, 개인의 취향과 소비패턴에 맞춘 맞춤형 공동구매가 확산되며 이는 소비자 만족도와 재구매율을 높여 시장의 안정적 성장을 견인할 것입니다.

◆ **기회**

시각적으로 숏포머블하고, 트렌디하며, 소비자의 '워너비' 라이프스타일을 자극할 수 있는 브랜드에 가장 큰 기회가 있습니다. 다른 플랫폼과 비교했을 때 인플루언서의 팬덤에 기반한 끈끈한 유대감을 통해 '나를 따르는 팬'들에게 판매하는 전략이 효과적입니다.

틱톡: 모든 것의 시작이자 트렌드의 중심

틱톡은 숏폼이라는 형식을 탄생시킨 선구자이자, 지금 이 순간에도 전 세계의 트렌드를 만들어내는 거대한 '밈(Meme) 공장'입니다. 틱톡을 이해하는 것이 곧 숏폼 생태계의 기본을 이해하는 것과 같습니다.

◆ 핵심 전략

틱톡의 심장은 바로 '알고리즘'입니다. 사용자의 사소한 행동 하나 하나를 분석하여, 다음 순간 무엇을 보고 싶어 할지 예측하고 콘텐츠를 추천합니다. '관계'가 아닌 철저한 '관심' 기반의 추천은 사용자에게 끝 없는 발견의 즐거움을 선사하며, 이것이 바로 틱톡 특유의 강력한 중독 성을 만들어내는 원동력입니다.

◆ 수익화 모델

틱톡의 최종 목표는 '틱톡샵'을 통한 완전한 커머스 생태계 구축입 니다. 광고를 넘어, 앱 내에서 [발견-흥미-구매-결제]로 이어지는 모든 과정을 완결시키는 '폐쇄 루프'를 통해 막대한 판매 수수료 수익을 창출 하고 있습니다. 이 외에도 '크리에이터 펀드'나 라이브 방송 중의 '선물 하기(기프팅)' 등 다양한 수익 모델을 제공합니다.

◆ 기회

트렌드에 민감한 소비재(패션, 뷰티, 식품 등)나, 깊은 고민 없이 즉 각적인 구매가 가능한 저관여·충동구매 상품에 가장 큰 기회가 있습니 다. 또한, 재미와 유머를 통해 Z세대와 소통할 수 있는 브랜드라면 틱톡 을 통해 전 세계적인 바이럴을 만들어낼 수 있습니다.

네이버 클립: '서비스 연동'으로 모든 것을 연결하는 허브

네이버는 '검색 포털'의 압도적인 지배력을 바탕으로, 숏폼 서비스인 '클립'을 자사의 모든 서비스와 연결하는 거대한 전략을 펼치고 있습니다.

◆ **핵심 전략**

네이버 클립의 진정한 힘은 '끝없는 연동'에 있습니다. 클립 영상은 네이버 검색 결과에 노출되는 것은 물론, 네이버 쇼핑(스마트스토어), 플레이스(지역 상점 정보), 블로그, 뉴스 등과 유기적으로 연결됩니다. 예를 들어, 한 식당이 올린 클립 영상은 네이버 지도에서 해당 식당을 검색했을 때 함께 노출되고, 영상 속 링크를 통해 바로 '예약'이나 '주문'으로 이어질 수 있습니다.

◆ **수익화 모델**

클립 콘텐츠를 통해 네이버 스마트스토어의 매출을 일으키거나, '플레이스'의 오프라인 매장 방문을 유도하는 것이 수익화의 핵심입니다. 네이버는 크리에이터들에게 활동비를 지원하며 클립 생태계를 빠르게 키우고 있습니다.

◆ **기회**

네이버의 다양한 서비스(쇼핑, 플레이스, 블로그 등)를 이미 활용하고 있거나, 활용할 계획이 있는 모든 비즈니스에게 새로운 기회가 될 수 있습니다. 특히 지역 기반의 소상공인이나 스마트스토어 판매자에게 클립은 가장 강력한 마케팅 도구가 될 것입니다.

당근 스토리: '우리 동네'를 공략하는 하이퍼로컬 강자

'당근(구 당근마켓)'의 숏폼 '스토리'는 앞선 플랫폼들과 전혀 다른 목표를 가집니다. 바로 '하이퍼로컬(아주 좁은 특정 지역)' 커뮤니티를 강화하는 것입니다.

◆ 핵심 전략

당근 스토리의 시청자는 전 세계인이 아닌, 바로 '내 가게 주변에 사는 동네 주민들'입니다. 스토리는 이들에게 우리 가게의 새로운 소식, 오늘의 메뉴, 특별 이벤트 등을 알리고, 친근한 동네 가게로서의 신뢰를 쌓는 역할을 합니다. 불특정 다수에게 도달하는 것이 목적이 아니라, 실제 매장 방문으로 이어질 가능성이 가장 높은 잠재 고객과 소통하는 것이 핵심입니다.

◆ 수익화 모델

직접적인 온라인 판매보다, 스토리를 통해 가게를 알리고 오프라인 매장 방문을 유도하는 것이 주된 목표입니다. '단골 맺기' 기능을 통해 고객과 지속적으로 소통하며 재방문을 유도할 수 있습니다.

◆ 기회

식당, 카페, 미용실, 학원, 세탁소 등 모든 동네 기반의 소상공인에게 당근 스토리는 가장 비용 효율적이고 강력한 '우리 동네 전용 방송국'이 될 수 있습니다.

구분	유튜브 쇼츠	인스타그램 릴스	틱톡	네이버 클립	당근 스토리
핵심 가치	정보 & 검색	비주얼 & 트렌드	엔터테인먼트 & 알고리즘	검색 & 서비스 연동	지역성 & 신뢰
주요 콘텐츠	지식, 리뷰, How-to	패션, 뷰티, 여행, 일상	챌린지, 밈, 유머	맛집, 쇼핑, 장소 리뷰	가게 소식, 이벤트, 일상
타깃 유저	특정 정보를 찾는 사람	트렌드에 민감한 사람	트렌드를 주도하는 Z세대	네이버 주사용자	지역 주민
커머스 전략	쇼핑 태그, 제휴 마케팅	인스타그램 샵, 제품 태그	틱톡샵 (자체 커머스 솔루션)	스마트스토어, 플레이스 연동	오프라인 매장 방문 유도
강점	롱폼 연계, 검색 노출	강력한 소셜 관계망	압도적인 바이럴 확산력	네이버 생태계 시너지	명확한 지역 타깃팅
비즈니스 형태	전문가, 교육, 리뷰어	패션/뷰티/ 리빙 브랜드	트렌드성 소비재, 저관여 상품	스마트스토어 판매자, 소상공인	모든 오프라인 자영업자

중요한 것은
우리 자신만의
「숏폼력」과
숏폼에 최적화된
「상품력」

지금까지 살펴본 것처럼, 각 플랫폼은 저마다의 태생과 강점을 바탕으로 각기 다른 방식으로 숏폼 생태계를 구축하고 있습니다. ==유튜브는 검색과 정보를, 인스타그램은 비주얼과 관계를, 네이버는 서비스 연동을, 그리고 당근은 지역성을 무기로 삼고 있습니다.==

하지만 더 중요한 사실은, 이 모든 플랫폼이 '숏폼'에 미래를 걸고 있다는 거대한 추세 그 자체입니다. 그리고 우리의 기회는 바로 여기에 있습니다. '어떤 플랫폼이 최종 승자가 될 것인가'를 예측하는 것보다 중요한 것은, 어떤 플랫폼에서든 통용될 수 있는 우리 자신만의 '숏폼력'과 숏폼에 최적화된 '상품력'을 기르는 것입니다. 플랫폼은 우리가 역량을 펼칠 무대일 뿐, 승패를 결정하는 것은 결국 우리 자신의 힘, 즉 나와 내 브랜드의 '숏폼 경쟁력'입니다.

물론 각 플랫폼을 사용하는 유저의 특성은 분명히 존재하지만, 한 명의 유저가 여러 플랫폼을 넘나들며 콘텐츠를 소비하는 지금, 그 경계는 갈수록 희미해지고 있습니다. 따라서 우리의 최종 목표는 하나의 플랫폼에 안주하는 것이 아닌, 강력한 '숏폼력'을 바탕으로 각 플랫폼의 특성에 맞게 콘텐츠를 변주하며 모든 채널에서 새로운 기회를 포착하는 '전방위적 전략'을 갖추는 것입니다.

CHAPTER

03

HOW

숏폼력(力)을 위한 8가지 인사이트

1. 숏폼 노출의 비밀 알아야 뜬다 _ 노출 알고리즘의 원리

2. 트렌드는 디폴트 _ 트렌드는 숏폼의 기본속성

3. 숏폼에 대한 오해와 진실 _ 짧지만 강렬한 콘텐츠

4. 콘셉트가 전부다 _ 차별화 숏폼

5. 운칠기삼 _ 운영이 70, 기획이 30

6. 팔리는 숏폼 _ 커머스 인사이트

7. 브랜드의 접근법

8. 크리에이터의 접근법

돈으로 살 수 없는
100만 조회수의 비밀은
숏폼만의 독특한
알고리즘 추천시스템에
달려 있습니다.

01

숏폼 노출의 비밀 알아야 뜬다
[노출 알고리즘의 원리]

'확산'되지 않으면 '전달'되지 않는 아이러니

숏폼 커머스 인사이트의 첫 번째 주제를 알고리즘으로 정한 이유는 그만큼 숏폼의 노출 알고리즘을 이해하는 것이 중요하기 때문입니다. 수많은 콘텐츠를 직접 만들어보고 다양한 크리에이터, 브랜드의 콘텐츠를 분석하며 느낀 것은 노출되지 않는 콘텐츠는 예쁜 쓰레기에 불과하고, 생각보다 숏폼 콘텐츠를 노출시키는 것은 쉽지 않다는 것이었습니다.

아마도 직접 한 번쯤 숏폼을 만들어본 사람이라면 금방 이해할 수 있을 것 같습니다. 많은 예산과 시간을 들여 만든 콘텐츠가 종종 노출이 되지 않는 게 숏폼의 아이러니입니다. 확산되지 않는 콘텐츠는 전달될 수 없고, 그래서 우리는 확산을 위한 문법을 먼저 배워야 합니다. 숏폼 콘텐츠를 만드는 것은 거대한 광장에서 연설하는 것과 같습니다. <mark>아무리 내용이 훌륭해도, 알고리즘이라는 '확성기'를 손에 쥐지 못하면 당신의 외침은 바로 앞의 몇 사람에게도 닿지 않습니다. 이 챕터는 바로 그 확성기를 사용하는 방법을 알려주는 설명서입니다.</mark>

우리가 다양한 숏폼 플랫폼에서 만나는 콘텐츠는 대부분 추천 알고리즘을 타고 우리에게 보인, 즉 이미 치열한 경쟁을 뚫고 '확산'된 콘텐츠입니다. 우리도 콘텐츠를 올리면 당연히 그런 반응을 기대하지만, 하루에도 수억 개의 콘텐츠가 업로드되는 무한 경쟁 속에서 내 콘텐츠가 확산되는 건 결코 쉽지 않습니다. 그렇기 때문에 노출의 원리를 반드시 먼저 배워야 합니다. 하지만 반대로 이 원리만 제대로 이해한다면, 단돈 1원도 쓰지 않고 당신의 메시지를 대한민국 100만 명에게 전달하는 기적을 경험할 수도 있습니다. 이 챕터가 바로 그 기적을 현실로 만드는 첫걸음입니다.

모르면 중독, 잘 알면 AI 비서

내가 지금 보고 있는 숏폼은 어떻게 나를 찾아오는 걸까? 나는 그저 손가락으로 스크롤을 할 뿐이지만, 랜덤하게 보여지는 듯한 숏폼의 노출에는 정교한 원리가 존재합니다. 그 원리를 우리는 알고리즘이라고 부릅니다. 알고리즘은 사용자의 관심사와 필요에 맞는 콘텐츠를 끊임없이 추천하여 유저가 숏폼을 벗어나지 못하도록 만들고, 우리는 나도 모르게 시간이 흐르는 경험을 하게 됩니다.

숏폼의 알고리즘을 이해하는 것은 소비자에게도, 그리고 콘텐츠를 만드는 크리에이터나 기업에게도 중요합니다. 소비자의 입장에서 이 원리를 이해하면, 더 이상 알고리즘에 끌려다니는 수동적인 존재가 아니게 됩니다. '인터레스트 그래프'를 기반으로 하는 숏폼 알고리즘은 사용자가 시청하고 반응하는 콘텐츠에 따라 강화됩니다. 따라서 자신에게 유익한 콘텐츠를 의식적으로 선택해 시청하고, 관심 있는 영상에는 '좋아요'나 댓글로 적극 반응하며, 원치 않는 콘텐츠는 빠르게 스킵하거나 '관심 없음'을 표현해주는 것만으로도 나만의 'AI 비서'를 훈련시킬 수 있습니다.

혹시 "나는 숏폼과 맞지 않는 것 같아"라고 생각했다면, 그것은 당신의 알고리즘이 아직 당신의 취향을 제대로 파악하지 못했기 때문일 가능성이 큽니다. 바로 이 지점에서 기업과 크리에이터에게 엄청난 기회가 발생합니다. 소비자가 스스로 자신의 관심사를 알고리즘에 명확히 각인시키는 행동은, 기업 입장에서 보면 가장 구매 확률이 높은 잠재 고객이 '나 여기 있어요!'라고 손을 들어주는 것과 같습니다.

예를 들어, 당신이 최근 캠핑에 관심이 생겨 '감성 캠핑용품'이나 '차박 팁' 영상을 몇 번 시청하고 '좋아요'를 눌렀다고 가정해봅시다. 며칠 지나지 않아 당신의 피드는 마치 전문 캠핑 플래너처럼 관련 상품과 정보들로 가득 차게 될 것입니다. 이것이 바로 소비자의 입장에서 본 'AI 비서'의 모습입니다.

그리고 반대로, 감성 캠핑용품을 판매하는 기업의 입장에서는, 광고비 한 푼 없이 자사 제품에 가장 관심 있을 만한 잠재 고객을 AI가 알아서 눈앞에 데려다준 셈입니다. 소비자에게는 'AI 비서'였던 알고리즘이, 기업에게는 가장 유능한 'AI 영업사원' 역할을 해준 것입니다.

> **실전 TIP**

내 계정의 알고리즘을 '훈련'시키는 방법

그렇다면 우리의 'AI 영업사원'이 길을 잃지 않고 정확하게 잠재 고객을 찾아오게 하려면 어떻게 해야 할까요? 정답은 간단합니다. **우리 스스로가 '이상적인 첫 번째 고객'이 되어, 알고리즘에게 우리가 누구인지, 어떤 고객을 만나고 싶은지를 명확히 알려주는 것**입니다.

알고리즘은 우리가 올리는 콘텐츠뿐 아니라, 우리 계정이 어떤 콘텐츠를 소비하고 반응하는지도 24시간 학습합니다. 이는 '의도적 인터랙션'을 통해 우리에게 유리한 방향으로 훈련시킬 수 있습니다.

1. 타깃 고객의 '관심사' 탐색하기

먼저 내 제품이나 서비스를 구매할 고객이 어떤 주제에 관심이 있고, 어떤 키워드를 검색하며, 어떤 크리에이터를 팔로우하는지 명확히 정의해야 합니다.

2. '의도적으로' 상호작용하기

내 비즈니스 계정을 활용하여, 정의한 타깃 고객이 볼만한 콘텐츠를 적극적으로 찾아가서 소비해야 합니다.

* **경쟁사 및 관련 분야 크리에이터의 영상에 '좋아요' 누르기**: 이는 알고리즘에게 '나는 이 주제에 관심이 있습니다'라고 말하는 가장 기본적인 신호입니다.
* **진심을 담아 '댓글' 남기기**: 해당 분야의 잠재 고객들이 모여있는 영상에 가치 있는 정보나 재치 있는 댓글을 남기면, 알고리즘에게 내 계정의 정체성을 각인시키는 동시에 다른 유저들에게 나를 노출시킬 수 있습니다.
* **핵심 계정 '팔로우' 하기**: 내 분야의 리더 격인 계정이나, 타깃 고객들이 열광하는 크리에이터를 팔로우하는 것만으로도 내 계정의 관심사 카테고리가 명확해집니다.

3. '3-3-3 법칙'의 꾸준한 실천

이 모든 것을 매일 꾸준히 실천하는 것이 중요합니다. 예를 들어, 하루에 30분씩 시간을 내어 타깃 고객이 볼만한 영상을 찾아보고, 300개 이상의 스크롤을 올려가며 3가지 인터랙션 '좋아요' '댓글' '공유'를 진행하는 '3-3-3 법칙'을 꾸준히 실천해 보시기 바랍니다.

이렇게 내 계정의 정체성을 알고리즘에 꾸준히 학습시키면, 알고리즘은 우리를 특정 '트래픽 풀(Traffic Pool)'의 일원으로 인식하게 됩니다. 그 결과, 우리가 새로운 콘텐츠를 발행했을 때, 전혀 상관없는 불특정 다수가 아닌 바로 그 트래픽 풀 안에 있는 '가장 구매 확률이 높은 잠재 고객'에게 우리의 콘텐츠를 우선적으로 보여줄 확률이 극적으로 높아집니다.

돈으로 살 수 없는 100만 조회수의 비밀

마스크를 찍은 평범한 숏폼 영상 하나가 100만 뷰를 만들고 월 매출을 300만 원에서 3,000만 원으로 바꾸며, 평범한 테이프 공을 파는 콘텐츠 단 3개로 5억 원의 매출을 올리는 일. 연예인이나 대기업의 이야기가 아닙니다. 바로 지금, 숏폼 생태계에서 실제로 일어나고 있는 일들입니다.

돈으로도 살 수 없는 이런 100만 조회수의 기적은 어떻게 만들어지는 것일까요? 그 비밀은 바로 우리가 '알고리즘'이라 부르는 숏폼의 독특한 추천 시스템에 있습니다. 우리가 아는 대부분의 플랫폼은 바로 이 '틱톡의 추천 알고리즘'을 참고하고 있으며, 2021년 MIT Technology Review는 이를 세상을 바꿀 10대 혁신 기술 중 하나로 선정했습니다.

무엇이 그토록 혁신적이었을까요? 핵심은 세 가지입니다.

1. 미디어의 '게이트키퍼'를 바꾸다

과거의 미디어에는 늘 '게이트키퍼(Gatekeeper)', 즉 문지기가 존재했습니다. 방송국 PD, 신문사 편집장, 대형 기획사 임원들이 바로 그들입니다. 대중에게 무엇을 보여줄지, 누구를 스타로 만들지 소수의 그들이 결정했습니다. SNS 시대에 와서는 이 역할이 수백만 명의 팔로워를 가진 메가 인플루언서나 막대한 광고비를 쓰는 대기업에게 넘어갔습니다.

하지만 숏폼 알고리즘은 이 모든 게이트키퍼를 없애고, 오직 '콘텐츠의 질'이라는 단 하나의 잣대만 남겨두었습니다. 이는 진정한 의미의 '콘텐츠 민주화'를 의미합니다. 당신이 누구인지는 중요하지 않습니다. 당신의 콘텐츠가 시청자의 시선을 단 1초라도 더 오래 붙잡을 수 있다면, 알고리즘이라는 가장 공정한 심사위원이 당신을 세상에 소개시켜 줄 것입니다.

2. '인구통계'가 아닌 '관심사'를 타깃팅하다

기존 디지털 마케팅의 핵심은 '인구통계학적 타깃팅'이었습니다. '서울에 사는 30대 여성' 혹은 '자동차에 관심 있는 40대 남성'과 같이 나이, 성별, 지역을 기반으로 광고 대상을 설정했습니다.

하지만 숏폼 알고리즘은 이 모든 것을 무의미하게 했습니다. 알고리즘은 당신의 주민등록번호를 궁금해하지 않습니다. 오직 당신이 어떤 영상을 끝까지 보고, 어떤 영상에 '좋아요'를 눌렀는지, 즉 당신의 '관심사' 데이터에만 집중합니다. 그 결과, 방탄소년단 춤을 따라 추는 60대 할아버지와 K-POP 아이돌을 좋아하는 10대 소녀가 똑같은 댄스 영상을 추천받는 일이 가능해졌습니다. 이는 콘텐츠가 사람의 '신분'이 아닌 '취향'을 따라 흐른다는, 마케팅의 근본적인 패러다임 전환을 의미합니다.

3. '개인화'와 '트렌드'의 황금비율로 기회를 만들다

숏폼 알고리즘은 유저에게 노출되는 콘텐츠를 약 60%의 사용자 맞춤 추천과 40%의 최신 트렌드로 구성합니다. 이는 사용자 입장에서는 자신의 관심사에 맞는 영상을 즐기면서도, 동시에 세상의 새로운 유행을 놓치지 않게 하는 절묘한 균형입니다.

그리고 이 '6:4 황금비율'은 크리에이터에게 매우 중요한 전략적 기회를 제공합니다. 자신의 전문 분야나 핵심 관심사(60%)에 집중하여 '찐팬'을 만들면서도, 동시에 대중적인 트렌드(40%)를 자신의 콘텐츠에 영리하게 결합하여 새로운 잠재 고객을 끊임없이 유입시킬 수 있는 통로가 열려있기 때문입니다. 이 균형을 잘 활용하는 것이 알고리즘의 파도를 타는 핵심 비결입니다.

숏폼 생태계를 개척한 틱톡의 이 추천 알고리즘을 시작으로, 다른 숏폼 활용 플랫폼 역시 유사한 원리로 작동하고 있습니다. 플랫폼마다 가중치는 조금씩 다르지만 기본 로직은 대동소이하며, 우리는 이 원리를 철저히 이해해야 합니다. 그럼 지금부터 천천히 하나씩 추천 알고리즘을 분석해보겠습니다.

숏폼 콘텐츠의 첫 번째 관문: 플랫폼 심사 통과하기

100만 조회수를 만드는 알고리즘의 선택을 받기 전, 모든 숏폼 콘텐츠는 플랫폼이 정한 '최소한의 기준'을 넘어서야 합니다. 바로 '플랫폼 심사'라는 첫 번째 관문입니다. 이 심사는 보통 자동 심사와 인력 심사의 두 단계로 구성됩니다.

1. AI의 자동 심사 (10초 내외)

콘텐츠를 업로드하는 순간, AI 자동 심사 시스템이 가장 먼저 영상을 검토합니다. 이 과정에서 영상의 화면, 제목, 설명, 사용된 문구와 음악, 해시태그까지 순식간에 분석됩니다. 특히 다른 영상을 그대로 가져온 '표절'이나 저작권을 위반한 '음원 무단 사용' 등을 집중적으로 확인하며, 플랫폼이 금지하는 폭력적이거나 선정적인 내용, 혐오 발언 등이 포함되었는지도 검사합니다.

2. 사람에 의한 정밀 심사

만약 AI 심사에서 문제가 감지되거나, 여러 사용자에 의해 신고가 접수되면 사람이 직접 검토하는 인력 심사 단계로 넘어갑니다. 이 단계에서는 더욱 복합적인 기준들이 적용됩니다.

◆ 콘텐츠 업로드 전 최종 체크리스트

내 소중한 콘텐츠가 심사 단계에서 불이익을 받지 않도록, 업로드 전 아래 항목들을 반드시 스스로 점검하는 습관을 들여야 합니다.

- **저작권:** 사용한 음원, 폰트, 영상 클립은 저작권에 위배되지 않는가?
  - 플랫폼이 공식적으로 제공하는 음원 라이브러리를 사용하는 것이 가장 안전합니다.
- **커뮤니티 가이드:** 폭력, 혐오, 선정성 등 다른 사용자에게 불쾌감을 줄 수 있는 내용은 없는가?
  - 각 플랫폼의 '커뮤니티 가이드라인'은 반드시 한 번 이상 정독해야 합니다.

- **광고 규범**: 유료 광고나 협찬을 받았다면, 명확하게 표시했는가?
  - 대한민국 공정거래위원회는 '추천·보증 등에 관한 표시·광고 심사지침'에 따라, 금전적 이해관계가 있는 모든 콘텐츠에 이를 명확히 밝힐 것을 의무화하고 있습니다. '광고', '협찬', '유료 광고' 등의 문구를 시청자들이 쉽게 인지할 수 있도록 영상의 시작이나 끝, 혹은 설명란에 반드시 포함해야 합니다.
  - 최근 틱톡, 유튜브 등에서는 '유료 파트너십', '프로모션 포함'과 같이 플랫폼이 자체적으로 제공하는 '광고 표시 기능'을 활용하는 것이 가장 안전하고 확실한 방법입니다. 이를 빠뜨릴 경우 '뒷광고' 논란으로 번져 채널의 신뢰도에 치명적인 타격을 입을 수 있습니다.

트래픽의 확장과 스노우볼 확장 모델

1. 모든 콘텐츠는 작은 '눈덩이'에서 시작된다: 스노우볼 확장 모델

초기 심사를 통과한 모든 콘텐츠는 트래픽 풀 분배 및 확장 시스템의 첫 단계에 들어섭니다. 이는 콘텐츠의 성과에 따라 단계적으로 더 많은 사용자에게 노출되는 방식입니다. 저는 이것을 '스노우볼 확장 모델(Snowball Expansion Model)'이라고 부릅니다. 작은 눈덩이가 언덕을 굴러 내려오며 점점 더 거대해지는 것처럼, 모든 영상은 처음에는 작은 규모의 사용자 그룹(100~500명)에게 먼저 노출되어 그 반응을 테스트합니다.

초기 노출이 막혔을 때의 대처법

실전 TIP

콘텐츠 업로드 전 체크리스트를 모두 확인했음에도 불구하고, 영상 조회수가 몇 시간째 100~200회에 멈춰있거나 아예 노출되지 않는 경우가 종종 발생합니다. 많은 사람이 이럴 때 '이번 영상은 운이 없었네'라고 생각하며 어쩔 수 없다고 포기하곤 합니다.

하지만 이것은 아마추어의 접근법입니다. 프로는 이 상황을 '실패'가 아닌 '데이터'로 받아들입니다. 그리고 데이터를 바탕으로 가설을 세우고, 수정하고, 다시 테스트합니다.

이러한 과감한 테스트가 가능한 이유는, 앞서 설명했듯이 **숏폼 생태계가 팔로워 기반의 '소셜 그래프'가 아닌, 비팔로워 기반의 '인터레스트 그래프'를 중심으로 작동하기 때문**입니다. 내 영상을 보는 사람의 90% 이상은 나를 팔로우하지 않은 새로운 시청자입니다. 따라서 기존 영상을 숨기거나 삭제하고 수정해서 다시 올리더라도, 내 팔로워들에게 '같은 영상을 왜 자꾸 올리냐'는 피로감을 줄 가능성이 거의 없습니다. 오히려 새로운 알고리즘의 선택을 받을 기회를 한 번 더 얻는, **'제로 리스크 하이 리턴(Zero-risk High-return)'** 전략인 셈입니다. 이처럼 숏폼 생태계에서 '삭제 후 재업로드'는 금기나 편법이 아니라, 데이터를 기반으로 성공 확률을 높여가는 매우 영리한 '린(Lean) 실험 과정'입니다. 이 자유를 두려워 말고 적극적으로 활용해야 합니다.

만약 당신의 콘텐츠가 조회수 100을 넘지 못하고 멈춘다면, 이는 앞선 '플랫폼 심사' 단계에서 문제가 발생했거나, 이 작은 '눈덩이'를 굴릴 최소한의 동력조차 얻지 못했다는 신호입니다.

2. 올바른 '트래픽 풀'에 도달하기

'스노우볼'이 어느 언덕에서 구르기 시작하는지는 매우 중요합니다. 예를 들어, 축구에 전혀 관심 없는 사람에게 손흥민의 환상적인 골 장면을 보여주면 어떻게 될까요? 아마 1초도 안 돼 스크롤을 올려버릴 겁니다. 이처럼 내 콘텐츠가 그것에 관심 있을 만한 사람들이 모여있는 '트래픽 풀(Traffic Pool)'에 정확히 도달하는 것이 확산의 핵심입니다. 플랫폼은 AI를 통해 모든 콘텐츠를 다음과 같은 다양한 트래픽 풀로 분류합니다. 내 비즈니스가 어떤 카테고리에 속하는지, 그리고 어떤 인접 카테고리의 트래픽 풀까지 공략할 수 있을지 고민해 보아야 합니다.

- **엔터테인먼트(Entertainment)**
  - 코미디·유머, 댄스·음악 챌린지, 게임, 스포츠 하이라이트, 영화·드라마·애니메이션 리뷰 및 패러디 등

- **라이프스타일(Lifestyle)**
  - **패션·뷰티**: 데일리룩(OOTD), 화장품 리뷰, 스타일링 팁, '같이 준비해요(GRWM)'
  - **푸드**: 레시피, 맛집 탐방(푸드 브이로그), 먹방, 요리 꿀팁, ASMR
  - **여행**: 국내·해외 여행지 추천, 여행 꿀팁, 숙소·항공권 정보

- **홈·리빙**: 인테리어, 살림 노하우, 청소 꿀팁, 자취생 꿀템
- **펫**: 강아지·고양이 등 반려동물과의 일상, 훈련, 관련 용품 리뷰

• **지식·자기계발 (Knowledge · Self-Development)**
- **교육**: 외국어(영어, 일본어, 중국어), 자격증, 입시·공부법
- **자기계발**: 동기부여, 심리학, 인간관계, 시간 관리, 독서·책 추천
- **커리어**: 취업·이직 팁, 면접 노하우, 직장인 공감, 특정 직업의 세계
- **시사·경제**: 최신 뉴스 해설, 경제·재테크 상식, 주식·부동산·투자 정보

• **비즈니스·전문 서비스 (Business·Professional Services)**
- **전문직**: 법률(변호사), 세무(세무사), 의료·건강(의사, 약사, 한의사) 관련 상식
- **B2B·산업**: IT·소프트웨어 활용법, 제조업 공정, 무역·물류 정보
- **마케팅**: 최신 트렌드 분석, 광고·브랜딩 성공 사례

• **로컬·소상공인 (Local·Small Business)**
- **F&B**: 우리 동네 맛집·카페의 메뉴, 만드는 과정, 가게 이야기
- **서비스**: 헤어·네일샵 시술 과정, 헬스장·필라테스 운동법, 공방·클래스 체험
- **기타**: 부동산 매물 소개, 동네 학원 소식, 세탁소·수선집 꿀팁 등

우리는 앞서 배운 '의도적 인터랙션'을 통해, 우리 계정이 어떤 트래픽 풀에 속하고 싶은지 알고리즘에 꾸준히 알려줘야 합니다.

3. 6단계의 트래픽 확장 시스템

알고리즘은 콘텐츠의 성과에 따라 총 6단계에 걸쳐 트래픽 풀, 즉 눈덩이가 굴러가는 반경을 확장시킵니다.

- **1단계(초기 노출 풀)**: 100~500회 노출
- **2단계(소규모 확산 풀)**: 1,000~1만 회 노출
- **3단계(중규모 확산 풀)**: 1만~10만 회 노출
- **4단계(대규모 확산 풀)**: 10만~100만 회 노출
- **5단계(바이럴 풀)**: 100만~1,000만 회 노출
- **6단계(플랫폼 추천 풀)**: 1,000만 회 이상(플랫폼 메인 추천)

이처럼 단계적인 추천 시스템은 양질의 콘텐츠를 효과적으로 발굴하고, 검증된 콘텐츠에 더 많은 트래픽을 몰아주는 역할을 합니다.

4. 다음 단계로 가는 열쇠: 핵심 평가지표(KPI) 이해하기

그렇다면 다음 단계로 확장될지 여부를 결정하는 '성과'란 무엇일까요? 알고리즘은 아래와 같은 핵심 평가지표(KPI)를 종합적으로 평가합니다.

- **완보율(시청 지속 시간)**: '사용자가 영상을 얼마나 끝까지 보는가?' 이는 플랫폼의 최종 목표인 '사용자 체류 시간'과 직결되기에 가장 중요한 지표입니다.
- **공유율**: 얼마나 많은 사람이 다른 사람에게 공유했는가? 콘텐츠의 '확산 가치'를 증명하는 지표입니다.

- **댓글률:** 얼마나 많은 사람이 댓글을 남기며 소통했는가?
  콘텐츠의 '참여도와 상호작용'을 나타내는 지표입니다.
- **좋아요율:** 얼마나 많은 사람이 '좋아요'를 눌렀는가?
  쉽고 조작의 가능성도 있어, 다른 지표에 비해 낮게 평가됩니다.

이 지표들의 가중치는 플랫폼의 전략이나 콘텐츠의 생명주기에 따라 변합니다. 예를 들어, 콘텐츠의 초기 단계에는 '완보율'이 압도적으로 중요하지만, 중기 단계로 넘어가면 다른 사람에게 퍼뜨리는 '공유율'의 가치가 더 높아지기도 합니다.

5. 계정의 영향력과 콘텐츠의 생명주기

콘텐츠 자체의 성과뿐 아니라, 콘텐츠를 발행한 '계정의 영향력'도 확산에 일부 영향을 미칩니다. 그래서 '팔로워는 전혀 의미가 없다'는 말은 절반만 맞는 이야기입니다. 꾸준히 좋은 콘텐츠를 올려온 신뢰도 높은 계정(성장 가중치)이나, 팬들과의 소통이 활발한 계정(상호작용 지표)은 알고리즘으로부터 약간의 가산점을 받을 수 있습니다.

또한, 숏폼 콘텐츠의 영향력은 무한하지 않습니다. 보통 트래픽 풀 확장은 1~2주 정도 지속되며, 이후에는 노출이 급격히 줄어듭니다. 단, 다른 사용자들이 계속 따라서 하고 참여하는 '챌린지'의 경우 그 생명력이 더 길어질 수 있습니다. 그러므로 단 한 번의 성공에 만족하는 것이 아니라, 꾸준히 좋은 성과를 내는 '시스템'을 구축하는 것이 중요합니다. 이처럼 복합적인 평가 시스템을 이해하는 것을 넘어, 이제 우리는 이 지표들을 만들어내기 위한 구체적인 방법을 고민해야 합니다.

인터랙션을 만드는 방법 (1): '첫 3초의 벽'을 넘어서라

숏폼 콘텐츠의 성패는 시청자가 마주하는 '첫 3초의 벽'을 넘을 수 있느냐에 달려있다고 해도 과언이 아닙니다. 이 짧은 순간은 시청자가 스크롤을 멈출지, 아니면 가차 없이 다음 영상으로 넘겨버릴지를 결정하는 잔혹한 심판의 시간입니다. 시청자의 관심을 단번에 사로잡아 이 '첫 3초의 벽'을 넘어서기 위해서는, 다음과 같은 세 가지 후킹(Hooking) 전략을 입체적으로 활용해야 합니다.

1. 시각적 후킹: 일단 눈부터 멈추게 하라

사람은 본능적으로 시각적 자극에 가장 먼저 반응합니다.

- **강렬한 첫인상:** 영상이 시작되자마자 화면 가득 클로즈업된 생경한 비주얼이나, 아름다운 풍경, 혹은 매우 지저분한 청소 대상을 보여주어 시선을 고정시킵니다.
- **예상치 못한 움직임:** 정적인 화면에서 갑자기 무언가 튀어나오거나, 빠른 속도로 화면이 전환되는 등 예측 불가능한 움직임으로 주의를 환기시킵니다.
- **호기심을 유발하는 썸네일과 제목:** 영상의 내용을 암시하면서도, "그래서 결과가 뭔데?"라는 궁금증을 자아내는 텍스트나 이미지를 활용합니다.

2. 청각적 후킹: 귀를 사로잡아라

숏폼은 '사운드'가 절반이라고 할 만큼 청각적 요소가 중요합니다.

- **유행하는 챌린지 음원:** 지금 가장 유행하는 챌린지 음악을 사용하는 것만으로도 시청자들은 익숙함에 스크롤을 멈출 확률이 높습니다.
- **강력한 효과음:** '띵!', '쨍그랑' 등 갑작스러운 효과음이나, ASMR 소리를 극대화하여 청각적 쾌감을 자극합니다.
- **시그니처 사운드:** "OOO이 알려주는 꿀팁!"과 같이, 크리에이터만의 독특한 시그니처 사운드나 멘트를 활용하여 시청자에게 채널의 정체성을 각인시킬 수 있습니다.

3. 메시지 후킹: 뇌리에 박히는 첫 마디

궁극적으로 시청자를 끝까지 붙잡는 것은 '내용'입니다. 영상 초반에 제시되는 텍스트나 대사의 첫 마디가 콘텐츠의 성패를 결정합니다.

- **상식 파괴형:** "여러분, 아침 사과는 사실 독입니다"와 같이 사람들이 당연하게 믿고 있던 상식을 뒤집으며 "왜?"라는 질문을 던지게 만듭니다.
- **문제 해결형:** "단 3분 만에 통통 부은 얼굴 가라앉히는 법"처럼, 시청자가 겪고 있는 명확한 문제점(Pain Point)과 그 해결책을 제시하여 솔깃하게 만듭니다.
- **공감대 형성형:** "혹시 당신도 출근만 하면 집에 가고 싶나요?"와 같이, 타깃 시청자라면 누구나 공감할 만한 질문을 던져 '이거 내 이야기인데?'라고 느끼게 합니다.
- **만약에형(가정법):** "대표님 옆에서 식빵을 먹으면 생기는일?"처럼, 시청자에게 특정 상황을 가정하게 만들어 '나라면 어떡하지?'라는 감정 이입과 함께 문제의식을 갖게 합니다.

- **결과 선제시형:** "이 영상 끝까지 보시면, 월 100만 원 더 버는 가장 현실적인 방법 알게 됩니다"처럼, 시청자가 영상을 끝까지 봤을 때 얻게 될 이득을 먼저 보여주어 기대감을 조성합니다.

> **실전 TIP**
>
> ### 소리 없는 시청 환경을 대비하라
>
> 세 가지 후킹 전략을 조합하되, 가장 중요한 것은 '소리 없이 봐도 내용이 이해되도록' 설계하는 것입니다. 지하철이나 사무실 등 소리를 켤 수 없는 환경에서 숏폼을 소비하는 사용자가 매우 많습니다. 따라서 청각적 후킹에만 의존하기보다, 핵심적인 첫 마디를 반드시 자막으로 함께 제시하여 어떤 환경에서도 '첫 3초의 벽'을 넘을 수 있도록 대비해야 합니다.

인터랙션을 만드는 방법 (2): 시청자를 끝까지 붙잡는 '완보율'의 기술

'첫 3초의 벽'을 넘어 시청자의 스크롤을 멈추게 했다면, 이제 알고리즘의 가장 큰 사랑을 받기 위한 두 번째 관문, 바로 '완보율(VTR: View-Through Rate)'을 높여야 합니다. 완보율이란 시청자가 영상을 얼마나 끝까지 시청했는지 나타내는 비율로, 플랫폼의 최우선 목표인 '사용자 체류 시간'과 직결되기에 알고리즘을 움직이는 가장 강력한 연료라고 할 수 있습니다. 일반적으로 완보율이 15% 이상이면 성공적인 숏폼으로 평가받습니다.

1. 기본 원칙: 짧을수록 유리하다

완보율을 높이는 가장 간단하고 확실한 방법은 영상의 길이를 줄이는 것입니다. 특히 계정 성장 초기에는 시청자와의 신뢰가 부족하기에, 30초 내외의 짧은 영상으로 완주에 대한 부담을 덜어주는 것이 중요합니다. 의욕이 앞서 1분 가까운 영상을 만들면, 시청자는 쉽게 이탈하고 이는 알고리즘에 부정적인 신호로 작용할 수 있습니다.

2. 시나리오 설계: '다음'을 궁금하게 만드는 힘

시청자가 끝까지 보게 만들려면, 이야기의 구성 자체가 '다음 내용'을 궁금하게 만들어야 합니다.

- **결과 먼저 보여주기**: "30kg 감량 후의 모습입니다. 그 비법은…" 과 같이 놀라운 결과를 먼저 제시하고, 그 과정을 뒤에 설명하여 호기심을 유발합니다.

- **정보 순차적 제공:** "절대 피해야 할 최악의 영양제 3가지"와 같이 숫자를 활용해 정보를 나열하면, 시청자는 3가지를 모두 확인하기 위해 영상을 끝까지 시청할 확률이 높습니다.
- **시리즈물 기획:** 마치 드라마처럼 다음 편을 예고하는 시리즈 콘텐츠는, 시청자가 다음 에피소드를 보기 위해 계정을 팔로우하게 만드는 강력한 장치입니다.

3. 편집의 마법: 8초마다 시선을 붙잡는 기술

아무리 좋은 내용이라도 영상이 지루하면 시청자는 이탈합니다. 편집 기술로 시청자의 뇌가 지루함을 느낄 틈을 주지 말아야 합니다.

- **8초 주기 법칙:** 사람의 집중력은 보통 8초를 주기로 급격히 떨어집니다. 따라서 최소 8초에 한 번씩은 화면 구성에 변화(컷 전환, 줌인·아웃, 화면 분할 등)를 주거나, 새로운 자막이나 효과음을 넣어 시청자의 주의를 계속 환기시켜야 합니다.
- **자막 플레이:** 단순히 내용을 전달하는 것을 넘어, 중요한 단어를 강조하거나 음절 단위로 텍스트가 나타나는 등 자막 자체에 애니메이션 효과를 주어 시청자의 눈이 화면을 떠나지 못하게 만듭니다.

4. 최고의 경지: 반복 재생을 유도하는 '루프(Loop)'

완보율을 넘어 100% 이상의 시청 시간을 기록하는 최고의 기술은 바로 '루프'입니다. 이는 영상의 끝과 시작이 자연스럽게 연결되어, 시청자가 영상이 끝난 줄도 모르고 두세 번 반복해서 보게 만드는 고도의 편집 기법입니다. 예를 들어 영상 마지막에 "그래서 제가 가장 추천하는 최악의 습관은…"이라고 말한 뒤, 바로 영상 첫 장면인 "피부가 빨리 늙는 최고의 습관은…"으로 자연스럽게 연결되면, 시청자는 답을 찾기 위해 자신도 모르게 영상을 반복해서 보게 됩니다. 이는 알고리즘에게 '매우 매력적인 콘텐츠'라는 강력한 신호를 보냅니다.

인터랙션을 만드는 방법 (3):
참여를 설계하고 커뮤니티를 구축하라

시청자의 마음을 움직이는 가장 강력한 지표는 '참여(댓글, 공유)'입니다. 알고리즘은 댓글이 많이 달리고 토론이 벌어지는 영상을 '가치 있는 콘텐츠'로 판단하여 더 많은 사람에게 확산시킵니다. 중요한 것은, 이러한 참여는 저절로 일어나지 않는다는 사실입니다. 참여는 철저히 설계되고 유도되어야 합니다.

1. 댓글을 부르는 콘텐츠 기획

영상을 만들기 전, 시나리오 단계부터 '어떤 댓글이 달리게 할 것인가'를 먼저 기획해야 합니다.

- **'정보의 공백' 만들기:** 영상에서 의도적으로 특정 정보(예: 가격, 장소, 구매 링크)를 생략하여 "그래서 얼마예요?", "여기가 어디죠?"와 같은 질문 댓글이 달리도록 유도합니다.

- **'논쟁을 유도하는' 질문 던지기:** "짜장면 vs 짬뽕", "부먹 vs 찍먹"처럼 정답이 없고 사람들의 가치관이나 취향에 따라 의견이 갈리는 질문은 끝없는 토론을 만들어내는 최고의 장치입니다. 정답이 있는 질문은 몇 개의 댓글만으로 대화가 끝나버린다는 점을 명심해야 합니다.

2. 반응을 증폭시키는 운영의 기술

콘텐츠를 업로드한 순간부터 진짜 일이 시작됩니다. 기다리는 것이 아니라, 직접 반응을 증폭시켜야 합니다.

- **'첫 댓글'로 분위기 설계하기:** 영상이 올라간 직후, 운영자가 직접 혹은 지인을 통해 토론의 방향을 유도하는 '첫 댓글'을 다는 것은 매우 영리한 전략입니다. 저희가 진행했던 '알쥐' 캐릭터의 스토리 영상에서 "알쥐를 찾습니다. 어디로 갔을까요?"라는 고정 댓글 아래에, 팀원들이 "저는 알쥐를 강남역에서 봤어요", "우리 집에서 봤어요"와 같은 '놀이'의 판을 까는 댓글을 달자, 수많은 시청자들이 자발적으로 이 놀이에 동참하며 수백 개의 댓글을 만들어냈습니다. 이처럼 첫 댓글은 다른 시청자들의 참여를 유도하는 강력한 '멍석'이 되어줍니다.

- **브랜드의 무기, '이벤트' 활용하기:** 브랜드 계정은 광고라는 인식 때문에 댓글을 유도하기 어렵습니다. 이때는 이벤트를 적극적으로 활용해야 합니다. 단순히 경품을 주는 것을 넘어, "저희 신제품 이름, 같이 지어주세요!", "가장 웃긴 N행시를 지어주신 분께 선물!" 과 같이 시청자의 창의적인 참여를 이끌어내는 이벤트를 설계하면 폭발적인 반응을 얻을 수 있습니다.

3. 일회성 참여를 '찐팬'으로 만드는 법

앞선 전략들이 일회성 참여를 높이는 기술이라면, 그들을 '진정한 팬(찐팬)'으로 만드는 장기적인 소통은 더욱 중요한 전략입니다. 특히 계정 성장 초기에 1,000명의 찐팬을 만드는 것을 목표로, 모든 댓글에 진심으로 소통하려는 노력이 필요합니다. 진정한 소통이란 단순히 답글을 다는 것을 넘어, 한 명 한 명의 이름을 불러주고 그들의 의견에 진심으로 귀 기울이는 태도를 의미합니다. 온라인의 느슨한 관계 속에서 이러한 진정성 있는 접근은 시청자에게 깊은 유대감을 형성시킵니다. 대가를 바라는 마음보다 '베푼다'는 마음으로 먼저 다가가 소통하시길 추천합니다. 그렇게 만들어진 1,000명의 찐팬은, 당신이 어떤 콘텐츠를 올리더라도 가장 먼저 달려와 적극적으로 반응해주고 주변에 공유해주는 가장 강력한 지원군이자, 알고리즘을 움직이는 원동력이 되어줄 것입니다.

지금까지 우리는 알고리즘의 선택을 받기 위한 세 가지 핵심 전략, 즉 '첫 3초의 벽', '완보율', 그리고 '참여 유도'에 대해 알아보았습니다. 이 세 가지는 숏폼 콘텐츠의 성패를 좌우하는 가장 중요한 열쇠입니다.

02

트렌드는 디폴트
[트렌드는 숏폼의 기본]

숏폼 생태계에서 '트렌드'는 선택이 아닌 필수입니다. 그것은 이 세계의 모든 구성원이 사용하는 '공용어'와도 같기 때문입니다. 앞서 배웠듯이, 숏폼 알고리즘은 나를 아는 소수가 아닌, 내 콘텐츠에 관심 있을 만한 불특정 다수에게 영상을 배달합니다. 수많은 낯선 사람들의 스크롤을 단번에 멈추게 하기 위해서는, 우리 모두가 즉시 알아보고 반응할 수 있는 공통의 관심사인 '트렌드'를 활용하는 것이 가장 확실하고 강력한 전략입니다.

이는 우리가 콘텐츠를 만드는 관점 자체를 바꿔야 함을 의미합니다. 더 이상 나를 아는 소수의 '팬'이 아닌, 오늘 처음 나를 만나는 수많은 '낯선 대중'을 상대로 콘텐츠를 만들어야 합니다. 한번 상상해봅시다. 우리는 보통 처음 만난 사람과 어떤 이야기로 대화를 시작할까요? 처음부터 다짜고짜 자신의 전문 분야나 개인적인 관심사에 대해 이야기하기는 어려울 겁니다. 날씨 이야기나 최근 화제가 되는 소식처럼, 누구나 알 만한 가벼운 주제를 통해 공통점을 찾고 어색함을 깨려고 할 것입니다.

숏폼이라는 거대한 만남의 광장에서도 마찬가지입니다. 그리고 이 낯선 대중과 가장 빠르고 쉽게 공감대를 형성하는 화제가 바로 트렌드입니다. 지금 모두가 이야기하는 트렌드는 어색함을 깨고 대화를 시작하게 만드는 최고의 아이스브레이커(Icebreaker)인 셈입니다.

숏폼의 시작은 밈

밈이라는 단어를 아시나요? 밈은 숏폼 콘텐츠의 확산과 진화를 이끈 핵심 동력으로, 처음에는 리처드 도킨스가 「이기적 유전자」에서 인간의 유전자처럼 자기복제적 특성을 갖고 번식해 대를 이어져 전해오는 정신적 사유라고 정의했습니다. 이후 밈은 온라인 상에서 급속도로 전파되는 문화 현상을 지칭하는 용어로 자리잡았습니다. 처음엔 '짤'로 불리던 이미지로 확산되던 밈은 숏폼 플랫폼의 등장과 함께 전파력이 강화되었는데, 기존 SNS가 단순히 재미를 공유하는데 그쳤다면, 숏폼에서는 그 재미가 밈으로 재생산되어 폭발적으로 확산되는 특징을 보입니다.

2020년 지코의 '아무노래 챌린지'는 국내에서 숏폼을 활용해 성공한 첫 사례로, 음원차트 1위와 함께 많은 사람들의 참여를 이끌어 냈습니다. 밈이 가진 가장 큰 특징은 일반 이용자들이 일상에서 쉽게 따라하고 자신만의 시각과 해석을 추가할 수 있다는 점입니다. 관계에 대한 부담 없이 재미있는 콘텐츠를 가볍게 즐길 수 있으며, 플랫폼이 제공하는 음악과 효과를 이용해 손쉽게 재미를 생산할 수 있습니다.

　마케팅 관점에서 밈은 높은 주목도와 노출을 쉽게 얻을 수 있고, 기획이 용이하다는 장점이 있습니다. 숏폼 문화에서 밈은 중요한 소통 수단이자 기획 도구로 자리잡았습니다. 다만 밈을 활용할 때는 주의 사항이 있는데 바로 시의성이 중요하다는 점입니다. 밈은 시간이 지남에 따라 뚜렷한 생명주기를 보입니다. 초기에 빠르게 관심이 증가했다가 시간이 지나면서 점차 하락해 소멸단계로 접어드는 특성이 있습니다. 그래서 언제, 어느 시점에 밈을 활용하느냐가 중요합니다. 따라서 적절한 시기에 활용되지 않으면 그 효과가 급격히 감소할 수 있습니다.

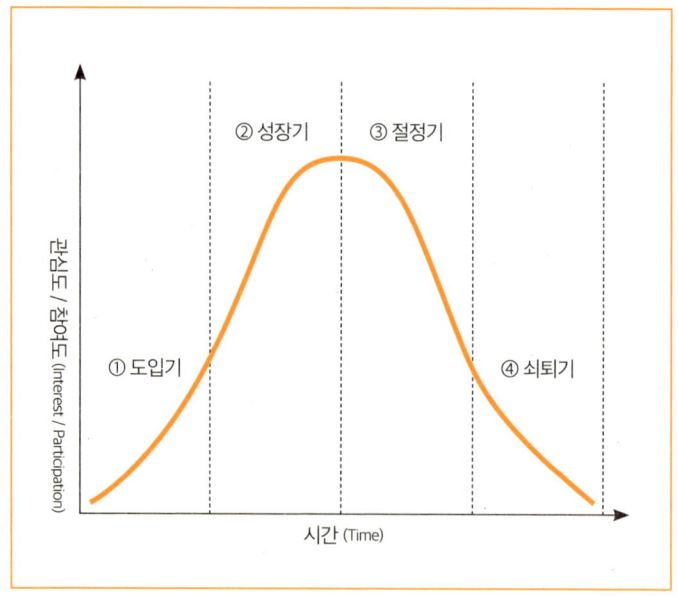

밈과 트렌드를 캐치하는 노하우

우리는 어떻게 최근 유행하는 밈과 트렌드를 캐치할 수 있을까요? 첫번째, 데이터 플랫폼을 통해 분석하는 방법이 있습니다. 소셜미디어 지표와 웹 분석을 활용해 타깃 청중의 관심과 행동패턴을 파악해야 합니다. 기업이나 브랜드의 경우, 글로벌 크리에이터 플랫폼인 '녹스인플루언서'나 '피처링' 같은 도구를 통해 데이터를 수집하고, 지속적으로 모니터링할 수 있습니다. 저희는 주기적으로 이런 플랫폼을 유료로 사용해 다양한 트렌드를 분석하고 있습니다.

둘째, 플랫폼별 트렌드 사이트를 확인합니다. '틱톡 트렌드 레터'는 틱톡에서 공식적으로 발행하는 뉴스레터로, MZ세대의 최신 콘텐츠와 트렌드를 가장 빠르게 전달하는 틱톡 공식 채널입니다. 최신 챌린지와 해시태그 트렌드를 소개하고, 브랜드를 위한 트렌드 활용 방법 및 성공적인 캠페인 사례를 공유하니 구독해둘 필요가 있습니다. 유튜브 숏츠는 '유튜브 컬쳐 앤 트렌드 리포트'가 있고, 인스타그램 릴스는 '인스타그램 트렌드 리포트'가 있습니다. 해당 플랫폼들에서 제공하는 자료들을 꾸준히 확인하면, 어떤 콘텐츠가 뜨는지 빠르게 캐치할 수 있습니다.

셋째, 타깃에 대한 이해입니다. 밈과 트렌드를 활용해 주도적으로 확산시키는 Z세대는 밈의 문화에 익숙하고 유머와 창의적인 콘텐츠를 선호합니다. 그래서 이들의 문화와 가치관을 깊이 이해해야 합니다. 대학내일 20대 연구소는 75개의 트렌드 키워드와 이슈를 정기적으로 분석하며, 특히 드라마와 예능 속에서 나타난 Z세대의 가치관을 분석한 보고서를 발간합니다. 또한 오픈애즈는 Z세대의 가치관, 라이프스타일, 관계, 콘텐츠 등 다양한 영역의 변화를 분석하며, 특히 마케터들이 실무에 적용할 수 있는 실용적인 트렌드 키워드를 제공합니다.

넷째, 메가 크리에이터 계정 모니터링이 있습니다. 특정 메가 크리에이터들은 유행이 될 트렌드를 빠르게 캐치하고 먼저 활용하기 위해 노력합니다. 국내뿐 아니라 글로벌 시장의 주요 크리에이터들이 밈과 트렌드를 어떻게 활용하는지 주기적으로 모니터링할 필요가 있습니다.

다섯째, 중국의 숏폼 플랫폼, '도우인'에서 트렌드를 캐치하는 것도 하나의 방법입니다. 중국의 도우인은 틱톡과 달리 중국인이 중국 국내에서만 쓰는 플랫폼인데 중국에서 유행한 밈과 트렌드가 한국으로 넘어오는 케이스가 종종 있습니다. 물론 반대로 한국이나 미국에서 유행한 트렌드가 중국으로 넘어가기도 합니다. 많은 메가 크리에이터들이 실제로 중국 플랫폼의 트렌드 변화를 주시하고 모니터링하기 때문에 누구보다 먼저 트렌드를 캐치하기 위해 중국 플랫폼을 직접 모니터링하는 것도 좋은 방법입니다.

트렌드는 따라하는 게 아니라 활용하는 것

단순히 트렌드를 따라하는 콘텐츠는 경쟁력이 떨어질 가능성이 높습니다. 트렌드는 빠르게 변화하며, 동일한 아이디어를 반복적으로 사용하는 경우 소비자에게 신선함을 잃을 수 있습니다. 또한 단순모방은 계정의 정체성을 희석시키고, 오히려 소비자에게 혼란을 줄 수 있습니다. 트렌드를 활용하는 것은 단순히 따라하는 것과는 다릅니다. 트렌드를 기반으로 브랜드의 고유한 메시지와 콘셉트를 결합하면 소비자에게 더 강렬하고 독창적인 인상을 남길 수 있습니다. 트렌드와 관련한 요소를 활용하되, 이를 브랜드의 가치와 연결시켜야 합니다. 또 소비자의 참여를 유도하는 방식으로 트렌드를 재해석해야 합니다.

그래서 고유한 콘셉트를 유지하면서 트렌드를 응용하는게 중요합니다. 이는 브랜드 정체성을 강화하고, 유저와 정서적 연결을 형성하는 데 도움을 줍니다. 트렌드는 빠르게 변화하지만, 고유한 콘셉트는 시간이 지나도 지속이 가능합니다. 트렌드를 응용하여 제작된 콘텐츠는 플랫폼 알고리즘과 소비자 행동 변화에 적응하면서도 브랜드 정체성을 유지할 수 있습니다.

트렌드를 콘텐츠에 적용하는 핵심 팁과 노하우

1. 첫 3초에 트렌드를 활용하라

알고리즘 파트에서 배웠던 첫 3초의 중요성을 아마 기억하실 겁니다. 첫 3초는 시청자의 관심을 끌고 이탈을 방지하는 데 가장 중요한 순간입니다. 트렌드에 맞는 인기음원, 시각적 효과, 또는 유행하는 멘트를 첫 장면에 삽입해 즉각적으로 흥미를 유발합니다.

2. 트렌드를 활용해 참여를 유도하라

트렌드는 사용자 참여를 촉진할 수 있는 강력한 도구입니다. 챌린지나 UGC를 통해 유저가 직접 참여하도록 유도합니다. 유저가 자신만의 챌린지 콘텐츠를 만들 수 있도록 간단하고 재미있는 포맷을 제공할 수 있습니다.

3. 트렌드의 맥락 이해와 맞춤형 적용

모든 트렌드가 브랜드에 적합한 것은 아닙니다. 브랜드의 정체성과 맞지 않는 트렌드는 오히려 부정적인 이미지를 줄 수 있습니다. 플랫폼별 인기 트렌드를 분석하고, 브랜드의 대상 고객층과 관련성을 고려하여 트렌드를 선택해야 합니다. 트렌드가 전달하는 메시지가 브랜드 이미지와 일치하도록 조정합니다.

4. 빠른 실행과 지속적 모니터링

트렌드는 짧은 생명주기를 가지므로 빠르게 대응하지 않으면 기회를 놓칠 수 있습니다. 그래서 항상 플랫폼에서 실시간으로 인기 있는 해시태그, 사운드, 챌린지를 모니터링해야 합니다. 또 빠르게 제작하고 게시하며, 이후 데이터 분석을 통해 전략을 조정해야 합니다.

Case Study

광고비 없이 100만 뷰를 만든 트렌드 활용의 정석: 르무통

숏만연구소는 '르무통'이라는 신발 브랜드를 마케팅하여 트렌드로 성공적인 바이럴 효과를 거뒀습니다. 2023년 슬릭백 챌린지가 유행한 적이 있습니다. 이 챌린지는 독특한 발 움직임과 착시 효과를 통해 마치 공중에 떠있는 듯한 모습을 연출하며, 전 세계적으로 수많은 참여자를 모았는데, 우리나라에서는 중학생 이효철 군이 해당 동작을 변형하여 틱톡에 업로드하면서 슬릭백 챌린지가 탄생했습니다. 효철 군이 올린 영상은 단 며칠 만에 2억 뷰를 넘어서며 전 세계적으로 화제가 되었습니다. K-POP 스타들과 스포츠 선수들이 참여하면서 확산되었고, 유저들은 슬릭백 챌린지를 따라 하며 자신만의 스타일로 변형하거나 새로운 요소를 추가해 콘텐츠를 제작했습니다.

이러한 트렌드를 보고 당시 르무통이라는 신발 브랜드의 마케팅 프로젝트를 진행해 효철군과 슬릭백 챌린지를 촬영했습니다. 당시 르무통은 편하고 가벼운 신발이라는 콘셉트를 강조했고, 슬릭백 챌린지는 공중부양하며 춤을 추는 모습이 브랜드의 핵심 콘셉트를 잘 전달할 수 있는 좋은 수단이라고 판단해 제휴를 제안했습니다. 슬릭백 챌린지를 추는 법부터, 따라하는 모습까지 다양한 시리즈물을 ==숏폼으로 제작해 플랫폼 광고비를 거의 쓰지 않고 100만 뷰를 만들어== 내는 등 효과를 톡톡히 냈습니다. 르무통 신발은 폭발적인 매출을 기록했고, 다음해 매출 10배 증가라는 기록적인 성과를 낼 수 있었습니다. 물론 챌린지만으로 그런 성과가 나진 않았지만, 르무통 신발이 저연령층을 대상으로 타깃을 확장하는데 일정 부분 숏폼의 영향이 작용했을 것이라 판단하고 있습니다.

모방을 넘어, '참여'를 이끄는 챌린지의 힘

밈은 단순한 '모방'이 아닌 '챌린지(Challenge)'로 발전할 때 훨씬 더 큰 파급력을 갖게 됩니다. 챌린지는 수동적으로 원본을 따라 하는 행위를 넘어, 참여자가 자신만의 개성을 담아 콘텐츠를 '재해석'하고 '재창조' 하는 능동적 참여를 의미합니다.

바로 이 '재해석의 여지'가 챌린지를 폭발적으로 확산시키는 핵심 동력입니다. 사람들은 단순히 누군가를 흉내 내는 것보다, 자신만의 아이디어나 유머, 스토리를 덧붙여 스스로가 주인공이 되는 과정에서 더 큰 즐거움을 느낍니다. ==원본 콘텐츠는 일종의 '놀이 규칙'이 되고, 수많은 참여자가 그 규칙 안에서 자신만의 방식으로 놀며 하나의 거대한 커뮤니티와 문화를 형성==해 나가는 것입니다.

성공적인 챌린지를 위해서는 진입장벽을 낮추고, 하나의 공식적인 해시태그를 사용해야 합니다. 이를 통해 더 많은 사람들의 참여를 유도할 수 있습니다.

브랜드가 챌린지를 설계하는법

브랜드가 챌린지를 만들고 확산시키는 방법은 전략적 기획과 실행을 통해 이루어지며, 성공적인 캠페인을 구축하기 위해 다음과 같은 구체적인 단계와 사례를 활용할 수 있습니다.

1. 목표와 대상 고객 설정

브랜드는 챌린지를 시작하기 전에 명확한 목표를 설정해야 합니다. 이는 브랜드 인지도 향상, 사용자 참여증가, 제품 판매 촉진, 사용자 생성 콘텐츠 확보 등 다양한 형태일 수 있습니다. 또한 타깃층의 관심사와 행동 패턴을 깊이 이해하고 챌린지가 이들의 니즈를 충족시킬 수 있도록 설계해야 합니다.

2. 참여를 부르는 콘셉트 개발

챌린지의 성공은 독창적이고 참여하기 쉬운 형식에 달려 있습니다. 트렌드와 브랜드 메시지를 결합하여 재미있고 참여하기 쉬운 형식으로 제작해야 합니다. 참여하기 쉬운 형식은 참여하기 간단하면서도 누구나 쉽게 따라할 수 있는 행동이나, 동작, 혹은 멘트 등을 의미합니다.

3. 초기 확산 전략

챌린지의 초기 확산을 위해서는 사전 홍보아 크리에이터와의 협업이 중요합니다. KOL(Key Opinion Leader)과 KOC(Key Opinion Consumer)의 비중을 나누고, 크리에이터와 협력하여 챌린지를 시작하고 초기 참여를 유도합니다.

4. 일반 참여를 유도하는 '멍석 깔기'

일반 유저의 참여는 챌린지 확산에 있어 핵심적인 역할을 합니다. 참여자들이 자신만의 버전을 제작하고 공유하도록 장려하면 자연스럽게 바이럴 효과가 발생합니다. 이를 위해 간단한 규칙과 명확한 가이드라인이 제공될 필요가 있으며, 우수한 콘텐츠에 대한 보상이 제공될 필요가 있습니다.

5. 커뮤니티 형성과 지속성

챌린지가 단순히 일회성 이벤트로 끝나지 않도록 커뮤니티 형성을 지원할 수도 있습니다. 참여자들이 서로 소통하고 연결될 수 있는 공간을 제공하면 브랜드 충성도를 강화할 수 있습니다.

6. 데이터 분석 및 개선

챌린지 진행 중 그리고 종료 후 데이터를 분석하여 도달률, 참여율, 자발적 콘텐츠 생성량 등을 평가합니다. 이를 기반으로 다음 캠페인을 위한 개선점을 도출하고 전략을 조정합니다. 실시간 데이터를 분석할 수 있다면 캠페인 성과를 최적화하고 전략적 우선순위 변경을 통해 성공 확률을 높여갈 수 있습니다.

브랜드가 숏폼 챌린지를 성공적으로 만들고 확산시키기 위해서는 명확한 목표설정, 창의적인 콘셉트 개발, 초기 확산 전략, 일반 유저 콘텐츠 생성 유도, 커뮤니티 형성 및 데이터 분석이 필수적입니다. 그리고 이러한 접근 방식은 브랜드와 소비자 사이의 관계를 강화하고 마케팅 효과를 창출하는데 중요한 역할을 합니다.

챌린지 실패의 원인과 대안

이론으로 아는 것과 실전에서 작동하는 효과 사이에는 괴리가 있을 때가 있습니다. 대부분 3단계까지 진행되다가 4단계에서 일반 유저의 참여 유도에 어려움을 겪는 경우가 많습니다. 보통은 참여에 대한 동기가 부족해서 일어나는 문제가 많은데 참여자들이 챌린지에 참여할 명확한 이유를 느끼지 못하거나, 개인적인 이익이나 재미를 발견하지 못하는 경우입니다. 단순히 브랜드 중심의 메시지를 전달하는 챌린지는 참여자들에게 전달하는 동기 부여가 약합니다. 그래서 ==챌린지는 현재의 트렌드와 관련 있으면 좋고, 콘텐츠 자체가 소비자에게 신선함을 제공할수== 록 좋습니다. 또 복잡하거나 부담스러운 요구로 인해 참여를 꺼리게 되는 경우도 있습니다. 간단한 행동을 요구하는 챌린지에 비해 복잡한 규칙이나 높은 기술적 요구가 되는 챌린지는 참여율을 낮춥니다.

그래서 이런 대안을 보안하기 위해 세 가지 사항을 점검할 필요가 있습니다. ==첫째, 확실한 보상==을 제공합니다. 상품권, 할인 쿠폰 등 실질적인 혜택을 제공하여 참여를 유도합니다. ==둘째, 인정과 공유==입니다. 챌린지 참여자를 브랜드 공식 계정에서 소개하거나 특별한 자격을 부여하여 디지털 인정 욕구를 충족시킵니다. ==셋째, 간단하고 쉬운 참여==를 설계하는 것입니다. 누구나 쉽게 따라할 수 있는 간단한 방식으로 챌린지를 설계하거나 단계별 튜토리얼을 제공합니다. 쉽게 이해하고 따라할 수 있도록 명확한 가이드를 제공하면 좋습니다.

Case Study

코스알엑스는 어떻게 '제품의 특징'으로 '놀이'를 만들어냈나?

코스알엑스 스네일 챌린지는 스킨케어 브랜드 '코스알엑스'가 틱톡을 활용하여 글로벌 시장에서 큰 성공을 거둔 마케팅 캠페인입니다. 이 챌린지는 코스알엑스의 대표 제품 파워 에센스와 올인원크림을 중심으로 진행되었으며, 소비자 참여를 유도하고 브랜드 인지도를 확장하는 데 중요한 역할을 했습니다.

코스알엑스는 틱톡에서 #SlapSnail, #SnailDanceChallenge, #SnailDuoshot이라는 세 가지 챌린지를 시즌별로 진행하며 스네일 뮤신 제품의 독특한 텍스처와 효과를 강조했습니다. 그중 SlapSnail 챌린지는 제품의 끈적한 텍스처를 강조하며 사용자들이 얼마나 멀리 슬랩할 수 있는지를 보여주는 방식으로 재미를 유도했습니다. 끈적한 텍스처와 강력한 보습 및 피부 재생 효과를 시각적으로 보여주며 소비자들에게 차별화된 경험을 제공한 것입니다. 끈적한 텍스처를 활용한 창의적인 콘텐츠는 시청자들의 호기심을 자극하고 바이럴 가능성을 높였습니다.

챌린지 이후 파워 에센스는 아마존 뷰티 카테고리에서 베스트셀러로 자리 잡았으며, 전 세계적인 품절 사태가 발생했습니다. 또한 스네일 라인의 누적 판매량은 600만 개를 돌파하며 브랜드의 대표 제품으로 위상을 굳혔습니다. 틱톡에서 COSRX해시태그는 누적 조회수 20억 이상을 기록하며 높은 도달률과 참여율을 보여주었습니다. 이렇게 코스알엑스 스네일 챌린지는 단순히 제품 홍보를 넘어 자발적인 소비자 참여를 통해 글로벌 확산에 성공한 사례로 평가받습니다. 독창적인 콘텐츠 기획을 통해 글로벌 시장에서 브랜드 입지를 강화한 것입니다. 이러한 성공은 숏폼의 챌린지를 브랜드가 마케팅에서 얼마나 강력한 도구로 사용할 수 있는지를 보여줍니다.

Meme은
단순한 「모방」이 아닌
「Challenge」로 발전할 때
훨씬 더 큰
파급력을 갖게 됩니다.

03

숏폼에 대한 오해와 진실
[짧지만 강렬한 콘텐츠]

오해 ❶ 짧은 영상은 만들기 쉽고 저렴하다?
↳ **진실** 짧은 영상이 아니라 압축된 영상

'15초? 60초? 1분? 짧은 영상 만드는 게 뭐 어렵다고, 일단 찍어봐.' 숏폼을 대하는 많은 브랜드 담당자, 혹은 의사결정자들이 흔히 하는 말입니다. 하지만 이렇게 숏폼을 존중하지 않는 태도로 콘텐츠를 만들면 결과는 역시나 좋지 않습니다. 숏폼의 본질은 '짧음'이 아니라 '압축'에 있기 때문입니다. 숏폼은 핵심을 시간적 단축이 아닌 정보의 재구성을 통한 압축으로 전달했을 때 원하는 목표를 달성할 수 있습니다. 실제로 영상을 찍기 위해 들어가는 시간, 조건, 노력은 거의 똑같을 수 있습니다. 이를 얼마나 잘 압축하느냐에 따른 진화된 콘텐츠로 인정한다면 더 좋은 성과를 낼 수 있을 것입니다.

성공적인 숏폼 콘텐츠는 1분이라는 짧은 시간 안에 시각, 청각, 텍스트 등 수많은 정보를 밀도 높게 담아냅니다. 이는 마치 에스프레소와 같습니다. 좋은 원두(핵심 메시지)를 강한 압력(기획과 편집)으로 눌러 담아, 양은 적지만 맛과 향이 폭발적인 한 잔의 샷을 뽑아내는 것과 같습니다. 반면, 핵심 없이 길게 늘어지는 콘텐츠는 밍밍한 아메리카노와 같습니다. 시청자들은 더 이상 밍밍한 커피를 기다려주지 않습니다. 즉 높은 '정보 밀도'가 성패를 가르게 됩니다.

따라서 숏폼 기획은 '무엇을 더할까'가 아닌, '무엇을 뺄 것인가'에서 시작해야 합니다. '이 영상에서 단 하나의 장면, 단 하나의 문장만 남겨야 한다면 무엇일까?'라는 질문을 스스로에게 던지며, 메시지의 본질만을 남기고 모든 군더더기를 걷어내는 과정이 바로 '압축'의 핵심입니다.

이렇게 고도로 압축된 영상은 시청자의 뇌가 지루함을 느낄 틈을 주지 않습니다. 빠른 컷 편집과 시선을 끄는 자막, 감각적인 효과음이 쉴 새 없이 몰아치며 사용자의 몰입도를 극대화하고, 이는 알고리즘이 가장 선호하는 높은 '완보율'과 '시청 시간'으로 이어집니다. 전문 편집자가 아니더라도 다음와 같은 기본 기법들을 활용하면 콘텐츠의 정보 밀도를 높일 수 있습니다.

1. 불필요한 부분을 제거하는 컷편집 기법

영상에서 침묵, 긴 멈춤, 또는 불필요한 설명을 제거(컷편집)하여 콘텐츠를 간결하게 만듭니다. 유저의 중간 이탈을 방지하고 빠른 흐름을 유지할 수 있으며 영상 길이를 줄일 수 있습니다.

2. 빠른 전환과 스냅 트랜지션

장면 간 빠른 전환과 스냅 트랜지션을 사용하여 시각적 흥미를 증가시킵니다. 시청자의 몰입도를 높이고 숏폼 특유의 역동성을 만들 수 있습니다.

3. 줌인/줌아웃 효과

중요한 순간이나 디테일을 강조하기 위해 줌인·줌아웃 효과를 사용합니다. 시각적 초점 이동으로 주목도를 높이고, 영상에 역동성을 추가하여 단조로움을 방지할 수 있습니다.

4. B-Roll 및 스톡 영상 삽입

메인 영상에 관련된 B-Roll(보조영상)이나 스톡 영상을 삽입하여 콘텐츠의 다양성을 추가합니다. 시각적 흥미가 증가하고, 단순 텍스트나 대화만으로 부족한 부분을 보완할 수 있습니다.

5. 한 가지 메시지에 집중

하나의 핵심 메시지만 전달하도록 내용을 압축하고 간결하게 구성합니다. 혼란을 줄이고 명확한 전달력을 확보하기 위함입니다. 여러 주제를 다루는 대신, 다음 편 숏폼 영상으로 설계하여 알고리즘을 통한 확산을 유도합니다.

이렇게 다양한 기법을 전략적으로 조합해 숏폼 콘텐츠를 압축적으로 편집합니다. 이러한 기법들은 짧은 시간 내에 강렬한 메시지를 전달하면서도 시청자의 몰입도를 유지하는데 필수적이며, 숏폼 플랫폼에서 성공적인 도달과 참여율을 확보하는데 도움을 줍니다. 숏폼을 '짧고 값싼 영상'으로 취급하는 순간 실패는 예견된 것이나 다름없습니다. 숏폼을 '고농축 에센스'처럼, 고도로 설계된 미디어로 존중하고 접근할 때 비로소 원하는 성과를 얻을 수 있습니다.

오해 ❷ 숏폼은 무조건 웃겨야 뜬다?
↳ 진실 성공하는 숏폼 콘텐츠에는 4가지 흥행코드가 있다

숏폼 콘텐츠에서 재미는 중요한 요소일 수 있지만, 필수적인 것은 아닙니다. 보통 숏폼에 갖는 흔한 오해와 편견 중 하나는 무조건 재미가 있어야만 뜬다는 생각입니다. 그러한 생각은 우리가 지금까지 접해온 많은 숏폼 콘텐츠가 재미 위주의 콘텐츠이기 때문에 생기는 편견일 뿐, 재미적 요소 외에도 숏폼을 띄울 수 있는 콘텐츠의 콘셉트는 다음과 같이 네 가지로 나눌 수 있습니다.

첫째, '재미'는 콘텐츠의 가장 기본적인 매력 요소 중 하나로 시청자의 주의를 즉각적으로 끌고 몰입하게 만드는 데 효과적입니다. 유머를 활용하거나 즐거움을 제공하면 콘텐츠는 쉽게 공유되고 유저의 인터랙션을 이끌어 낼 수 있습니다. 하지만 지나치게 재미에만 초점을 맞춘 콘텐츠는 정확한 메시지 전달보다는 자극적인 요소를 우선시하며, 잘못된 정보나 왜곡된 사실을 확산시킬 위험이 있습니다. 그래서 재미적 요소로 콘텐츠를 기획한다고 하더라도 다른 요소들을 함께 고려해 기획할 필요가 있습니다.

둘째, '공감'은 시청자와의 정서적 연결을 형성하는 가장 강력한 무기입니다. 화려한 성공담보다 '취업 실패 후기'나 '평범한 직장인의 퇴근 후 일상' 같은 콘텐츠가 많은 '좋아요'를 받는 이유는, 시청자들이 그 안에서 자신의 모습을 발견하고 위로를 받기 때문입니다. '이거 완전 내 이야기잖아?'와 같이 공감을 얻을 수 있는 개인적인 이야기나 감동적인 메시지를 통해 시청자의 마음을 움직이면, 브랜드나 크리에이터에 대한 깊은 신뢰와 충성도를 구축할 수 있습니다.

셋째, '정보'는 시청자에게 실질적인 가치를 제공하여 '이 채널은 구독해야겠다'고 느끼게 만드는 요소입니다. 교육적이고 유익한 정보를 제공함으로써 유저가 문제를 해결하거나 새로운 관점을 얻도록 도울 수 있습니다. 또한 정보 중심의 콘텐츠는 콘텐츠 생산자가 해당 분야에서 전문성을 갖추고 있음을 보여주고 이를 통해 유저는 브랜드나 크리에이터를 신뢰하게 됩니다. 정보 중심 콘텐츠는 단순 판매를 넘어서 고객에게 실질적인 가치를 제공하며, 유저와의 지속적인 관계를 형성하는 데 도움을 줍니다. 한편 정보적 콘텐츠는 재미나 공감적 요소가 부족할 경우, 유저의 관심을 끌지 못할 수 있습니다. 그래서 정보 중심 콘텐츠를 기획할 때는 다른 요소와 균형을 맞추어야 하며, 데이터 기반 접근법을 통해 고객 니즈에 맞춘 실용적인 정보를 제공하는 것이 중요합니다.

넷째, '감각코드'는 시청각적 쾌감을 활용한 콘텐츠 제작 방법입니다. 감각은 콘텐츠의 몰입감을 높이고 기억에 오래 남도록 만드는 요소입니다. 시각, 청각 등 다양한 감각을 자극하는 접근법은 콘텐츠의 깊은 인상을 남기고 브랜드 경험을 풍부하게 만듭니다. 이렇게 '감각'은 특별한 스토리나 정보 없이, 이성적인 판단을 거치지 않고 시청자의 눈과 귀를 직접적으로 만족시키는 콘텐츠를 의미합니다.

다섯째, '비주얼적 매력(Visual Attractiveness)'은 가장 원초적이면서도 강력한 시각적 자극입니다. 시청자들은 아름답거나, 멋지거나, 혹은 섹시한 인물의 모습 그 자체에서 시각적 쾌감과 대리만족을 느끼며 쉽게 몰입합니다. 이는 패션, 뷰티, 피트니스 등 다양한 분야에서 가장 널리 활용되는 감각 코드 중 하나입니다.

마지막으로 'ASMR(자율 감각 쾌감 반응)'은 청각적 쾌감을 극대화하여 시청자를 사로잡습니다. 예를 들어, 브랜드는 ASMR을 제품의 특징과 철학을 전달하는 정교한 도구로 활용합니다. 치킨 브랜드는 바삭한 '이팅 사운드'로 침을 수 없는 식욕을 자극하고, 화장품 브랜드는 크림이 '쫀득'하게 떠지는 소리로 제품의 질감을, 고급 자동차 브랜드는 묵직하게 '쿵' 닫히는 차문 소리로 품질에 대한 신뢰감을 청각적으로 증명하는 식입니다. 한편, 개인 크리에이터는 한발 더 나아가 평범한 일상을 ASMR 콘텐츠로 재탄생시킵니다. 슬라임을 만지는 소리, 기계식 키보드의 타건 소리, 연필로 글씨를 쓰는 소리 등은 그 자체로 수많은 팬을 확보한 인기 장르가 되었습니다. 이처럼 ASMR은 거대 브랜드의 제품 철학부터 개인의 소소한 일상까지, 어떤 것이든 시청자의 감각을 직접적으로 파고드는 강력한 콘텐츠 코드가 되고 있습니다.

결론적으로, 재미, 공감, 정보, 감각은 독립적으로도 강력한 효과를 발휘할 수 있지만, 이들을 조합하면 더욱 강력한 시너지를 만들어냅

성공하는 흥행코드

공감 — 시청자와의 정서적 연결을 형성하는 가장 강력한 무기

재미 — 시청자의 주의를 즉각적으로 끌고 몰입하게 만드는 데 효과적

감각코드 — 시청각적 쾌감을 활용

정보 — 채널을 구독해야겠다고 느끼게 만드는 요소

ASMR — 청각적 쾌감을 극대화

비주얼적 매력 — 가장 원초적이면서 강력한 시각적 자극

니다. 예를 들어, 재미와 정보를 결합하면 교육적이면서도 즐거운 경험을 제공할 수 있고, 공감과 감각을 융합하면 정적으로 깊이 연결된 몰입형 콘텐츠를 제작할 수 있습니다. 이러한 콘텐츠 기획법은 메시지를 효과적으로 전달하고 유저와 지속적인 관계를 형성하는데 큰 도움을 줍니다.

오해 ❸ 광고처럼 만들면 된다?
↳ 진실 '광고'가 아니라 '숏폼'

광고와 숏폼은 1분 이내의 짧은 영상에 하나의 메시지를 담고 있다는 점은 같지만, 숏폼과 전통적인 광고는 근본적으로 다른 문법을 사용합니다. 이 차이를 이해하지 못하면 아무리 많은 예산을 쏟아부어도 외면받기 쉽습니다.

1. 소통 방식의 차이: 일방통행에서 쌍방향으로

가장 큰 차이는 '소통 방식'에 있습니다. 광고는 발신자인 브랜드가 메시지를 설계하여 소비자에게 일방적으로 전달하는 '단방향' 구조입니다. 수신자인 소비자는 주어진 정보를 수동적으로 받아들일 뿐, 즉각적인 피드백이나 참여가 거의 불가능합니다.

반면, 숏폼은 댓글, 좋아요, 공유 등 수많은 상호작용을 통해 사용자와 적극적으로 소통하는 '양방향' 미디어입니다. 숏폼은 시청자의 즉각적인 반응과 행동을 유도하며, 그 과정에서 브랜드와 사용자 사이의 관계를 형성합니다. 또한, 실시간으로 쏟아지는 피드백을 통해 다음 콘텐츠 전략을 유연하게 조정할 수 있다는 강력한 장점도 있습니다.

2. 스타일의 차이: '완벽한 연출'에서 '진솔한 현실감'으로

이러한 소통 방식의 차이는 콘텐츠의 '결'을 다르게 만듭니다. 기존 광고 제작자들이 숏폼에 적응하기 힘든 이유도 여기에 있습니다.

- **전통 광고:** 고급스러운 연출, 완벽한 모델, 전문적인 촬영을 통해 브랜드의 '권위'와 '환상'을 강조합니다.
- **숏폼 콘텐츠:** 약간은 어설프고, 꾸밈없으며, 현실적인 모습을 통해 '진정성'과 '친근함'을 중요시합니다.

예를 들어, 한 화장품 브랜드가 신제품 수분크림을 홍보한다고 상상해봅시다. 광고처럼 만든다면 유명 모델이 완벽한 조명 아래에서 제품을 들고 아름다운 미소를 짓는 영상을 만듭니다. 결과는 어떨까요? 대부분의 시청자는 '아, 또 광고네'라고 생각하며 1초 만에 스크롤을 넘겨버릴 것입니다.

하지만 숏폼처럼 만든다면 어떨까요? 마케팅팀의 평범한 직원이 자기 방에서 스마트폰으로 영상을 켭니다. "여러분, 제가 이 수분크림 일주일 동안 진짜 써봤는데요, 솔직히 흡수력은 미쳤는데, 향은 제 취향이 아니네요." 이처럼 솔직하고 사적인 경험을 담은 영상에 시청자들은 "솔직해서 믿음이 간다", "향은 어떤데요?"라며 폭발적으로 반응하기 시작합니다. 이처럼 시청자들은 지나치게 연출된 광고를 거부하고, 광고성 콘텐츠를 본능적으로 감지하고 스킵합니다. 따라서 숏폼에서는 '친근하고 덜 연출된' 스타일로 전환해야 실패 확률을 낮출 수 있습니다.

3. 전략의 차이: '팔지 않으면서 파는' 기술

숏폼 마케팅에서 성공을 좌우하는 가장 핵심적인 원칙은 '광고처럼 느껴지지 않아야 한다'는 것입니다. 소비자는 광고를 회피하려는 본능이 있기 때문에, 제품이나 브랜드를 노골적으로 홍보하기보다 본질적으로 재미있거나 유용한 콘텐츠 안에 자연스럽게 녹여내는 것이 중요합니다.

성공 전략의 핵심은 '3초 안에 시선을 사로잡고, 15초 안에 구매 욕구를 자극'하는 것입니다. 이를 위해 브랜드의 진정성 있는 스토리를 담아내야 합니다. 예를 들어, 단순히 제품의 기능을 나열하는 대신, "이거 쓰고 인생이 달라졌어요!"와 같이 극적인 표현이나 감성적인 스토리텔링을 활용하여 소비자의 즉각적인 감적적 반응을 이끌어내는 것이 효과적입니다.

4. 책임의 차이: '투명한 광고 고지'라는 새로운 의무

물론, 숏폼을 광고나 협찬의 형태로 활용할 수도 있습니다. 이때 반드시 지켜야 할 원칙은 바로 '투명성'입니다. 대한민국 공정거래위원회는 '추천·보증 등에 관한 표시·광고 심사지침'을 통해, 대가를 받고 제작된 모든 콘텐츠에 대해 시청자가 명확히 알 수 있도록 광고 또는 협찬 사실을 표기할 것을 의무화하고 있습니다.

- **표기 문구:** '광고', '협찬', '유료 광고 포함' 등의 문구를 사용해야 합니다.
- **표기 위치:** 영상의 제목이나, 영상 내의 자막, 더보기란 등 시청자가 쉽게 인지할 수 있는 위치에 명확하게 표시해야 합니다.
- **플랫폼 기능 활용:** 최근에는 플랫폼 자체적으로 '유료 파트너십'이나 '프로모션 포함'과 같은 기능을 제공하므로, 이를 활성화하는 것이 가장 간편하고 확실한 방법입니다.

이러한 고지 의무를 위반할 경우, '뒷광고' 논란으로 법적 제재를 받는 것은 물론, 채널의 신뢰도에 치명상을 입을 수 있으니 반드시 명심해야 합니다.

오해 ❹ 브랜드는 '기업'의 목소리를 내야 한다?
↳ 진실 최고의 브랜드는 '크리에이터'처럼 말한다

숏폼 생태계는 기본적으로 크리에이터를 위한, 크리에이터에 의한 생태계입니다. 그리고 콘텐츠를 소비하는 유저 역시 기업의 완벽한 메시지보다, 한 명의 인간인 크리에이터의 창의성과 날것의 스토리를 소비하려는 기본 욕구를 가지고 숏폼을 시청합니다.

이것이 바로 브랜드가 숏폼 생태계에서 활동하는 것이 크리에이터보다 훨씬 어려운 이유입니다. 우리는 이 명백한 불리함을 인정하고, 이를 극복하기 위한 전략을 고민해야 합니다.

1. 크리에이터가 유리한 이유

소비자들은 왜 브랜드의 계정보다 크리에이터의 영상에 더 열광할까요? 단순히 '광고'로 인식하기 때문만은 아닙니다. 여기에는 세 가지 근본적인 이유가 있습니다.

- **수평적 관계의 신뢰도:** 시청자는 브랜드를 '나에게 무언가를 팔려는 거대한 조직'으로 인식하지만, 크리에이터는 '나와 비슷한 취향을 가진 한 명의 사람'으로 인식합니다. 이처럼 친구와 같은 수평적 관계에서 오는 추천은, 기업의 수직적인 메시지보다 훨씬 더 강력한 신뢰를 얻습니다.

- **자유로운 표현의 매력:** 크리에이터는 기업의 복잡한 가이드라인이나 법적 검토에서 자유롭습니다. 덕분에 훨씬 더 과감하고, 솔직하며, 때로는 논쟁적인 주제까지 다룰 수 있습니다. 바로 이 '날것'의 표현 방식이 시청자들에게는 가공되지 않은 '진정성'으로 느껴지는 것입니다.

- **개인의 서사(Narrative):** 모든 크리에이터에게는 성장하고, 실패하고, 기뻐하는 '개인의 서사'가 있습니다. 시청자들은 이 서사에 감정을 이입하고 유대감을 느끼며 팬이 됩니다. 하지만 브랜드의 서사는 '매출 성장'이나 '실적 보고'가 되기 쉽고, 시청자들은 기업의 성공 스토리에 감정을 이입하기 어렵습니다.

2. 브랜드의 생존법: '회색지대' 전략

이러한 불리함 속에서 브랜드는 어떻게 살아남아야 할까요? 정답은 브랜드와 크리에이터의 경계를 넘나드는 '회색지대(Gray Area)' 전략에 있습니다. 이는 브랜드가 직접 '크리에이터의 관점'과 '언어'를 빌려, 시청자들이 광고임을 알아채기 전에 먼저 친구처럼 다가가는 방식입니다.

- **브랜드 '부캐' 만들기:** 기업의 공식 로고 대신, 친근한 캐릭터나 페르소나, 즉 '부캐(부캐릭터)'를 전면에 내세우는 것입니다. '피자먹다'라는 브랜드의 아르바이트생 '숙희 언니' 캐릭터가 대표적인 성공 사례입니다. 시청자들은 '피자먹다'라는 브랜드를 소비하는 것이 아니라, '숙희 언니'라는 인간적인 캐릭터의 유머와 스토리를 소비하며 자연스럽게 브랜드의 팬이 되었습니다.

- **크리에이터의 말투 사용하기:** 딱딱한 기업의 언어가 아닌, 밈과 유행어를 자유롭게 사용하고 시청자와 사적인 농담을 주고받는 '크리에이터 마인드셋'으로 소통해야 합니다.

- **과정의 공유:** 완벽하게 성공한 결과물만 보여주는 것이 아니라, 신제품 개발 과정의 실수나, 직원들의 소소한 뒷이야기 등 불완전하지만 진솔한 '과정'을 공유하며 인간적인 매력을 어필해야 합니다.

결론적으로, <mark>브랜드의 진짜 경쟁 상대는 동종업계의 다른 브랜드가 아닌, 우리 카테고리의 인기 크리에이터</mark>일 수 있습니다. 이 냉정한 현실을 인정하고, 그들의 문법을 배우고 체화하여 '친구 같은 브랜드'로 거듭날 때, 비로소 이 새로운 시장에서 살아남을 수 있습니다.

오해 ❺ 전문가의 말이 가장 큰 영향력을 갖는다?
진실 시청자는 '권위'보다 '공감'에 마음을 연다

'전문가의 역설'이라는 말이 있습니다. 전문가로서의 깊은 지식과 경험이 오히려 효과적인 커뮤니케이션에 장애가 될 수 있다는, 모순적인 현상을 의미합니다. 아이러니하게도 숏폼은 이 '전문가의 역설'이 가장 빈번하게 일어나는 생태계입니다.

왜 그럴까요? 앞서 배웠듯 숏폼의 성공은 '참여'에 달려있습니다. 하지만 전문적이고 권위 있는 사람일수록, 시청자와 소통하기보다는 알고 있는 지식을 일방적으로 전달하려는 경향이 있습니다. 이는 시청자에게 '강의'나 '연설'처럼 느껴져 심리적 거리감을 만들고, 팬과의 긴밀한 관계 형성을 어렵게 합니다.

사례로 보는 '전문가 vs. 친구'

예를 들어, 부동산 정보를 다루는 두 명의 크리에이터가 있다고 상상해 봅시다.

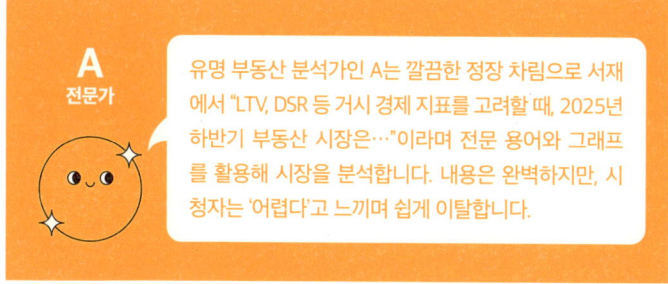

A 전문가

유명 부동산 분석가인 A는 깔끔한 정장 차림으로 서재에서 "LTV, DSR 등 거시 경제 지표를 고려할 때, 2025년 하반기 부동산 시장은…"이라며 전문 용어와 그래프를 활용해 시장을 분석합니다. 내용은 완벽하지만, 시청자는 '어렵다'고 느끼며 쉽게 이탈합니다.

B 친구 같은 경험자

최근 첫 '내 집 마련'에 성공한 평범한 30대 직장인 B. 이사 첫날, 스마트폰으로 집을 비추며 이렇게 말합니다. "여러분, 제가 진짜 영끌해서 이 집 샀는데요, 다른 건 모르겠고 딱 세 가지만 보고 결정했어요. 첫째는…"
시청자들은 그의 두려움과 설렘에 '공감'하고, 그의 현실적인 조언에 '신뢰'를 느끼며 폭발적으로 질문을 쏟아냅니다.

시청자는 왜 B에게 더 열광할까요? 사람들은 '완벽한 전문가의 권위'보다 '나와 비슷한 사람의 진솔한 경험담'에서 더 큰 유대감과 진정성을 느끼기 때문입니다. 친구같은 화자의 콘텐츠는 개인적인 추천처럼 느껴져 쉽게 공유되고, 복잡한 전문 용어 없이도 핵심을 전달하여 더 큰 영향력을 발휘합니다.

1. '전문가'가 아니기에 더 강력한 당신에게

많은 분들이 "저는 전문가가 아닌데요…"라는 겸손함 때문에 콘텐츠 제작을 주저합니다. 하지만 그럴 필요가 전혀 없습니다. 전문가가 아니라는 점이 오히려 친근함과 신뢰감을 주는 가장 큰 무기가 될 수 있습니다. 중요한 것은 완벽한 지식이 아니라, 자신의 경험을 바탕으로 한 진정성 있는 노력입니다. 남들보다 조금 더 아는 지식을 '친구에게 알려준다'는 편안한 마음으로, 모르는 것은 모른다고 솔직하게 인정하며 소통하십시오. 그것이 전문가의 일방적인 강의보다 훨씬 더 많은 참여와 '찐팬'을 만들어낼 것입니다.

2. 이미 '전문가'인 당신을 위한 조언

반대로, 이미 특정 분야의 전문가라면 어떻게 해야 할까요? 그 권위와 전문성을 잠시 내려놓고 '친근한 소통 방식'을 찾아야 합니다. 어려운 전문 용어 대신 일상적인 언어를 사용하고, 일방적인 정보 전달이 아닌 시청자의 질문에 답하는 방식으로 콘텐츠를 구성해야 합니다. 친근한 방식으로 정보를 제공하면 시청자와의 심리적 장벽이 낮아져 콘텐츠 몰입도가 훨씬 높아집니다. 지나치게 전문적인 어조는 시청자에게 거리감을 느끼게 하거나, 또 다른 형태의 '광고'처럼 느껴져 외면받을 수 있음을 기억해야 합니다.

오해 ❻ 일단 '성장'이 먼저, '판매'는 나중이다?
└ 진실 숏폼에서는 '판매 설계'가 '성상 전략'의 시작이다

만약 당신의 영상이 하룻밤 사이에 100만 조회수를 기록한다면, 당신은 그 트래픽을 매출로 전환시킬 준비가 되어 있습니까? 아마 많은 분들이 '일단 뜨고 나서 생각해야죠'라고 답할 것입니다. 실제로 대부분의 크리에이터들은 '선 성장, 후 수익화'라는 전통적인 SNS의 성공 공식을 따릅니다. 일단 팔로워와 구독자를 모으는 데 집중하고, 영향력이 충분히 커졌다고 생각될 때 비로소 판매를 고민하기 시작합니다. 하지만 이것이야말로 숏폼 커머스 시대의 가장 위험한 착각입니다. 숏폼 생태계에서는 '준비할 시간'을 주지 않고, 벼락처럼 성공이 찾아오기 때문입니다.

제가 지난 5년간 수많은 크리에이터와 브랜드를 직접 키우고, 컨설팅하며 가장 안타깝게 생각하는 점이 바로 이것입니다. 우연히 만든 영상 하나가 '알고리즘의 축복'을 받아 폭발적인 트래픽을 얻었지만, 그 트래픽을 받아낼 그릇, 즉 판매할 상품이나 명확한 수익 모델이 준비되어 있지 않아 황금 같은 기회를 그대로 흘려보내는 경우입니다.

더 큰 문제는 그 이후에 발생합니다. 뒤늦게 무언가를 팔려고 시도하면, 기존 팬들로부터 "초심 잃었네", "결국 이것도 광고였어?"와 같은 차가운 비판에 직면하게 됩니다. 왜일까요? 당신이 처음부터 모은 사람들은 당신의 '콘텐츠'를 좋아한 팬들이지, 당신의 '상품'을 구매할 고객이 아니었기 때문입니다. 처음부터 구매 전환에 대한 설계 없이 모인 팔로워는, 판매 시도 앞에서 오히려 가장 큰 저항 세력이 될 수 있습니다. 이럴 경우, 결국 계정의 콘셉트 기획을 처음부터 다시 해야 하는 최악의 상황을 맞게 될 수도 있습니다.

따라서 ==숏폼 커머스에서는 '뜨고 나서'를 계획하는 것이 아니라, '언제든 뜰 수 있다'는 것을 가정하고 첫 영상부터 판매의 명분과 구조를 설계해야== 합니다. 내가 왜 이 상품을 이야기하는지에 대한 진정성 있는 명분, 그리고 트래픽이 들어왔을 때 고객을 안내할 구매 링크나 상세 페이지 같은 최소한의 구조는 반드시 갖춰 놓고 시작해야 합니다.

브랜드의 경우, 이 원칙은 더욱 중요합니다. '브랜딩을 위한 계정'과 '판매를 위한 계정'은 기획 단계부터 완전히 다른 길을 가야 합니다. 예를 들어, 매끈한 크림의 질감을 보여주는 화장품 ASMR 영상은 수십만 팔로워를 모으고 브랜드에 대한 긍정적인 인식을 심어줄 수 있습니다. 하지만 이 영상을 본 시청자들은 '마음의 안정'을 얻었을 뿐, '새로운 수분크림 구매'에 대한 필요성을 느끼지는 못했을 가능성이 큽니다. 이는 바이럴은 성공했지만 판매는 실패하는, 수많은 브랜드 계정의 흔한 사례입니다.

판매를 목표로 한다면, 처음부터 시청자의 감성을 만족시키는 것을 넘어 그들의 '문제'를 건드리고, '해결책'을 제시하며, '행동(구매)'을 이끌어내는 콘텐츠를 기획해야 합니다. ==준비되지 않은 자에게 바이럴은 기회가 아니라, 감당할 수 없는 트래픽일 뿐입니다.== 우리는 기도하는 마음으로 콘텐츠를 올리는 것이 아니라, 성공을 맞이할 준비를 끝낸 후 비장한 마음으로 '업로드' 버튼을 눌러야 합니다.

04

콘셉트가 전부다
[차별화된 숏폼]

숏폼 콘텐츠를 아무리 잘 만들어도, 채널의 콘셉트가 명확하지 않거나 매력적이지 않다면 계정 운영의 목표를 달성하기 어렵습니다. 명확한 콘셉트는 콘텐츠 기획과 제작 과정에서 일관성을 유지하게 하고, 아이디어 발굴 및 제작 속도를 높여줍니다. 또한, 일관된 콘셉트는 브랜드 정체성을 구축하고 차별화된 이미지를 형성하여 장기적으로 충성도 있는 팔로워를 확보하고 목표를 달성하는 데 도움을 줍니다.

결국 채널의 콘셉트는, 수많은 채널 속에서 유저가 당신을 선택해야만 하는 이유 그 자체가 됩니다. 지금부터 매력적인 콘셉트를 만드는 구체적인 방법론을 알아보겠습니다.

콘셉트를 만드는 3단계 방법론

1단계: 시장 분석 - 나의 전쟁터를 정하라

좋은 콘셉트를 만들기 위한 첫 번째 단계는, 내가 타깃으로 하는 시장을 정하고 그 시장의 경쟁 계정 5개 이상을 철저히 분석하는 것입니다. 내가 목표로 하는 시장은 경쟁이 치열할 수도 있고, 아직 뚜렷한 두각을 드러내는 경쟁자가 없을 수도 있습니다. 현재 시장에 누가 있는지를 정확히 파악하고 그들과 차별화된 접근을 하기 위해 노력해야 합니다.

2단계: 포지셔닝 전략 선택 - 틈새를 파고들 것인가, 깃발을 꽂을 것인가?

시장 분석이 끝났다면, 어떤 전략으로 나의 영역을 구축할지 선택해야 합니다.

◆ **서브타이핑(Sub-typing) 전략**

기존 시장에서 특정 카테고리를 더 작게 나누어 해당 카테고리의 대표가 되는 전략입니다. 광범위한 주제 대신 특정 니치 영역에 집중하여 차별화된 콘텐츠를 제공하는 것으로, 브랜드의 차별화와 대상 고객 확보에 매우 효과적입니다.

조금 쉽게 설명하면, 내가 타깃으로 두는 시장 앞에 '수식어'를 붙여 나만의 영역을 만드는 작업과 같습니다. 예를 들어, 내가 '맛집 탐방' 계정을 만들고자 했을 때, 많은 경쟁자들 속에서 살아남기 어렵습니다. 하지만 여기에 수식어를 붙여, '서울 맛집 탐방'으로 시장을 좁히고, 한 단계 더 나아가 '데이트 커플이 자주 찾는 서울 맛집 탐방'으로 시장을 세분화한다면, 명확한 차별점을 가진 강력한 콘셉트가 탄생합니다.

저희 '숏만연구소'의 계정이 좋은 예시입니다. 저희는 '계정 성장'이라는 큰 시장에서, '인스타그램 계정 성장'을 다루는 <팁스타그램>이나 '숏폼을 통한 계정 성장'을 다루는 <릴스해커>와 같은 기존 강자들과 경쟁해야 했습니다. 그래서 우리는 '숏폼'에서 한 단계 더 나아간 '숏폼 커머스'라는 구체적인 수식어를 붙여 시장을 공략했습니다. 그렇게 채널의 차별화를 통해 이미 다른 계정을 팔로우하던 사람들도 저희를 팔로우할 명분을 만들 수 있었습니다.

◆ 파이어니어(Pioneer) 전략

시장에 가장 먼저 진입하여 선두주자로서의 이점을 활용하는, 즉 아무도 없는 블루오션을 개척하는 전략입니다. 이는 새로운 개념을 만들어내는 접근이기에 결코 쉽지 않지만, 성공할 경우 그 시장 전체를 선점하는 강력한 효과를 가집니다. 그렇다면 어떻게 블루오션을 찾을 수 있을까요? 단순히 해외 사례를 참고하는 것을 넘어, 기존 시장의 판을 뒤흔들 새로운 콘셉트를 '설계'하는 구체적인 방법론이 있습니다. 바로 '네 가지 행동 프레임워크(Four Actions Framework)'입니다. 이는 기존 시장의 요소를 제거(Eliminate), 감소(Reduce), 증가(Raise), 창조(Create)하며 새로운 가치를 만들어내는 방식입니다.

예를 들어, 이미 포화 상태인 '요리' 채널 시장에서 이 프레임워크를 적용해봅시다.

- **제거(Eliminate):** '친절하고 상세한 설명'을 아예 제거한다. → 대사 없이 요리 과정의 소리(ASMR)와 비주얼에만 집중하는 감각적인 채널이 탄생합니다.
- **감소(Reduce):** '완벽하고 예쁜 주방'이라는 요소를 과감히 줄인다. → 지극히 현실적인 자취방 주방에서 최소한의 도구로 요리하는 콘셉트로 공감대를 얻을 수 있습니다.
- **증가(Raise):** '스토리텔링' 요소를 극대화한다. → 단순히 레시피를 보여주는 것을 넘어, 하나의 요리에 얽힌 사연이나 역사를 한 편의 영화처럼 풀어내는 채널을 만들 수 있습니다.
- **창조(Create):** 기존 요리 채널에 없던 '무작위성'이라는 요소를 창조한다. → 구독자의 냉장고를 랜덤으로 방문해, 그 안의 재료만으로 요리를 해주는 '냉장고 파먹기' 콘셉트가 탄생합니다.

이처럼 네 가지 행동 프레임워크는 새로운 콘셉트를 만들어내는 강력한 사고의 틀을 제공합니다. 이 프레임워크를 가지고 해외의 다양한 사례들을 살펴보면, 국내 시장에 적용할 만한 새로운 아이디어를 훨씬 더 쉽게 발견할 수 있을 것입니다.

3단계: 경쟁 속에서 '나'를 각인시키기 - 의도적 인터랙션

숏폼 생태계에서 '완벽한 콘셉트'란 처음부터 한 번에 정해지는 것이 아닙니다. 그것은 끊임없이 변화하는 시장과 경쟁자들의 움직임 속에서, 나의 차별점을 부단히 찾아내고 다듬어가는 '과정' 그 자체입니다. 이 과정을 위한 가장 첫 번째 실질적인 액션 플랜은, 내가 뛰어들고자 하는 전쟁터, 즉 수많은 경쟁 계정이 모인 '트래픽 풀'에 나의 계정을 의도적으로 최적화시키는 것입니다. 이는 단순히 알고리즘을 훈련시키는 것을 넘어, 경쟁자들은 어떤 콘텐츠로 소통하는지, 잠재 고객들은 무엇에 열광하는지를 가장 가까이에서 배우는 '필드 리서치' 과정이기도 합니다.

==알고리즘은 당신이 어떤 콘텐츠를 '올리는지(Creation)' 만큼이나, 당신의 계정이 어떤 콘텐츠를 '소비하고 반응하는지(Consumption)'를 중요하게 학습==합니다. 따라서 아래와 같은 '의도적 인터랙션'을 통해, 시장을 파악하는 동시에 알고리즘에 나를 각인시켜야 합니다.

◆ **나의 '롤모델'과 '경쟁자' 정의하기**
- **시장 지도 그리기:** 가장 먼저, 내가 공략할 시장의 카테고리를 명확히 분류하고, 관련 키워드를 중심으로 나의 롤모델과 경쟁자를 최소 5개 이상 리스트업해야 합니다. 예를 들어, '캠핑용품'을 판매한다면, 단순히 '캠핑'이라는 키워드뿐 아니라 '#감성캠핑', '#오토캠핑', '#초보캠핑', '#캠핑요리' 등 세부 키워드를 통해 실제 유저들이 어떤 콘텐츠를 소비하는지 파악하고, 해당 영역에서 두각을 나타내는 계정들을 찾아내야 합니다.

- **그들처럼 행동하며 분석하기:** 내 비즈니스 계정을 활용하여, 리스트업한 계정들의 콘텐츠를 적극적으로 소비하고 흔적을 남깁니다.
  - **'좋아요'와 '저장' 누르기:** 해당 분야의 좋은 콘텐츠에 '좋아요'와 '저장'을 누르는 것은 알고리즘에 "나는 이 주제에 매우 관심이 있습니다"라고 말하는 가장 기본적인 신호입니다. 동시에 어떤 콘텐츠가 고객들에게 좋은 반응을 얻는지 데이터를 수집하는 과정입니다.

- **'진심을 담아 댓글' 남기기**: 잠재 고객들이 모여있는 영상에 가치 있는 댓글을 남기면, 다른 유저들에게 나를 노출시킬 수 있을 뿐만 아니라, 그들의 반응을 통해 시장의 니즈를 직접적으로 파악할 수 있습니다.
- **'핵심 계정' 팔로우하기**: 내 분야의 리더 격인 계정들을 팔로우함으로써, 그들의 최신 동향을 놓치지 않고 배우는 동시에 내 계정의 관심사 카테고리를 명확히 할 수 있습니다.

이처럼 '의도적 인터랙션'은 수동적으로 콘셉트가 정해지길 기다리는 것이 아니라, 경쟁 시장의 한가운데로 직접 뛰어들어 나만의 차별점을 찾아내고, 동시에 알고리즘에게 나의 정체성을 증명하는 매우 적극적이고 전략적인 첫걸음입니다.

◆ **콘셉트의 시각화: 무엇으로 당신을 증명할 것인가?**

훌륭한 콘셉트는 사용자가 볼 수 있도록 시각적으로 구현될 때 비로소 완성됩니다. 각 플랫폼의 특성에 맞게, 아래 요소들에 나의 콘셉트가 일관되게 드러나도록 만들어야 합니다.

❶ 채널의 첫인상(프로필 영역)

프로필 사진, 채널명, 소개(Bio)는 방문자가 단 몇 초 만에 채널의 정체성을 파악하게 하는 가장 중요한 요소입니다. 채널의 콘셉트가 한눈에 드러나는 이미지와 이름, 그리고 채널이 제공하는 가치를 명확히 약속하는 소개글로 구성해야 합니다.

❷ 콘텐츠의 관문(썸네일 및 고정 콘텐츠)

썸네일은 영상의 내용을 암시하면서도, 채널의 고유한 폰트, 색감, 레이아웃을 일관되게 유지하여 내 콘텐츠임을 즉시 알아볼 수 있게 해야 합니다. 고정 콘텐츠(인스타그램, 틱톡)나 채널 아트(유튜브)는 채널의 '대문'과 같습니다. 채널의 정체성을 가장 잘 보여주는 대표 콘텐츠나 핵심 메시지를 이곳에 배치하여, 새로운 방문자가 나를 팔로우해야 할 이유를 명확히 제시해야 합니다.

❸ 보이지 않는 힘(콘텐츠 포맷)

영상의 시작과 끝에 반복적으로 사용되는 시그니처 사운드나 인트로와 아웃트로, 일관된 편집 스타일과 자막 디자인 등은 시청자들이 무의식적으로 당신의 채널을 기억하게 만드는 강력한 브랜딩 장치입니다.

이 모든 요소들이 조화롭게 어우러져 일관성을 유지할 때, 당신의 콘셉트는 비로소 강력한 힘을 갖게 됩니다. 콘셉트는 한 번에 완벽해질 수 없으므로, 다른 성공적인 계정들을 끊임없이 참고하고 시장의 변화에 맞춰 계속해서 발전시켜 나가는 노력이 필요합니다.

◆ **콘셉트의 구체화: 이름, 메시지, 페르소나 설계하기**

위의 콘셉트를 구체화하는 방법은 결국 3가지로 종결됩니다.

- 채널의 '이름(네이밍)'은 무엇인가?
- 전달하려는 '메시지'는 무엇인가?
- 페르소나는 누구인가?

❶ 처음이자, 끝, 네이밍 전략

채널의 이름을 짓는 것은 단순히 간판을 다는 일이 아닙니다. **잘 지은 이름 하나는 수없이 많은 마케팅 비용을 아껴주는, 마케팅의 처음이자 끝**이라고 할 수 있습니다. 매력적인 채널명은 다음 세 가지 원칙을 조화롭게 담아낼 때 탄생합니다.

❷ 철학 담기: 당신의 'Why'에서 시작하라

가장 먼저, 내가 이 계정을 왜 시작했는지, 즉 채널의 '철학(Why)'을 담아야 합니다. '나는 이 계정을 통해 사람들에게 어떤 가치를 주고 싶은가?'라는 질문에 대한 답을 한두 문장으로 적어보길 권합니다. 그 문장 안에 당신의 채널명을 만들 핵심 키워드가 숨어있습니다.

❸ 직관성 높이기: 한 번에 각인시켜라

숏폼의 특성상 시청자는 단 몇 초 만에 채널의 정체성을 파악하길 원합니다. 따라서 채널명은 듣기만 해도 무엇을 하는 곳인지 알 수 있도록 '직관적'이어야 합니다. **간결하고 명확한 이름은 기억에 오래 남고 공유하기 쉬우며, 관련 키워드가 포함될 경우 검색 노출(SEO)에도 유리**합니다.

예를 들어, 숏만연구소라는 네이밍은 '숏폼만 연구한다', 그래서 숏폼에 대한 전문성이 있고, 숏폼에 집중한다는 뜻을 담고 있습니다. 누군가가 왜 숏만연구소에요? 라고 물을 때 이렇게 Why를 담을 수 있고 직관적으로 이해시킬 수 있다면 더 깊은 인상을 새길 수 있을 것입니다.

이미 채널명이 정해져 있다면?

실전 TIP

한번 만들어진 채널명을 바꾸는 것은 생각보다 어렵습니다. 하지만 방법이 없는 것은 아닙니다. 채널명 앞에 감각적이고 직관적인 '수식어'를 붙여 부족한 부분을 보완할 수 있습니다. 예를 들어, 당신의 채널명이 이미 '영희의 옷장'이라고 정해져 있다고 상상해봅시다. 이 이름만으로는 무엇을 하는 채널인지 명확하지 않습니다. 하지만 여기에 수식어를 더하면 어떻게 달라질까요?

Before: 영희의 옷장(모호함)
After 1: **퍼스널컬러 가을 웜톤을 위한, 영희의 옷장**(명확한 타깃 제시)
After 2: **10만원으로 일주일 버티는, 영희의 옷장**(구체적인 가치 제공)
After 3: **패션 MD가 몰래 알려주는, 영희의 옷장**(신뢰를 주는 근거 제시)

또 다른 예시로, '민수키친'이라는 채널을 보겠습니다.
Before: 민수키친(모호함)
After 1: **요리초보 자취생의, 민수키친**(명확한 타깃 제시)
After 2: **딱 3가지 재료로 끝내는, 민수키친**(구체적인 가치 제공)
After 3: **전 여친에게도 레시피 물어보게 만든, 민수키친**(감각적 스토리 부여)

이처럼, 기존 채널명은 그대로 유지하면서도 앞에 어떤 수식어를 붙이느냐에 따라 채널의 정체성과 매력이 완전히 달라질 수 있습니다. 지금 당신의 채널명 앞에는 어떤 수식어가 붙어 있나요? 만약 없다면, 어떤 수식어를 붙여보고 싶으신가요?

❹ 감각 자극하기: 상상하게 만들어라

직관성이 채널의 '정보'를 전달한다면, '감각적'인 이름은 채널의 '분위기'와 '매력'을 전달합니다. 이는 주로 은유법을 통해 구현됩니다. 서로 다른 두 개념을 연결하여 사용자의 상상력을 자극하고, 채널의 정체성을 더욱 풍부하게 만드는 것입니다. 어느 것이 더 생생하게 느껴질까요? 열정적인 형님들이라는 기술적인 설명보다, 뜨거운 형님들이라는 표현이 훨씬 더 많은 정서와 스토리를 담고 있는 것처럼 느껴질 겁니다.

❺ 어떤 메시지를 던질 것인가?

채널의 '메시지'는 프로필 소개글(Bio)이자, 당신의 채널을 처음 방문한 사람을 구독자로 전환시키는 결정적인 '자기 소개'입니다. 아무리 숏폼으로 많은 트래픽을 만들어도 이 메시지가 매력적이지 않다면, 방문자는 왜 당신을 팔로우해야 하는지 이유를 찾지 못하고 금방 떠나가 버릴 것입니다. 매력적인 메시지는 반드시 '약속'과 '근거'라는 두 가지 핵심 요소를 포함해야 합니다.

❻ 무엇을 줄 것인가? 시청자와의 '약속'

가장 먼저, 당신의 채널이 앞으로 시청자에게 무엇을 줄 것인지 명확하게 '약속'해야 합니다. 이 약속은 크게 네 가지 가치로 나눌 수 있으며, 이 중 두 가지 이상이 결합될 때 팔로우로 전환될 확률이 높아집니다.

- **정보:** "1분 만에 끝내는 PPT 실무 꿀팁, 제가 다 알려드릴게요."
- **재미:** "현직 약사가 들려주는 약국 진상썰, 웃음 보장합니다."

- **공감**: "오늘도 N번째 퇴사를 고민하는 5년 차 직장인의 생존 일기"
- **감각**: "당신의 고막을 만족시킬 세상의 모든 ASMR 사운드"

❼ 왜 당신이어야만 하는가?: 약속을 뒷받침하는 '근거'

약속만으로는 부족합니다. 왜 당신이 그 약속을 지킬 수 있는 사람인지, 당신의 말을 믿어야 하는지에 대한 설득력 있는 '근거'가 뒤따라야 합니다. 근거 없는 약속은 공허한 외침일 뿐입니다. 중요한 것은 이 근거가 반드시 화려한 스펙일 필요는 없다는 점입니다. 객관적인 지표도 좋지만, 때로는 주관적인 경험이 더 강력한 신뢰를 주기도 합니다.

- **(약속)** "제가 광주 맛집 전부 소개해 드릴게요."
- **(나쁜 근거)** "미식가의 입맛으로 추천합니다."(모호함)
- **(좋은 근거)** "아침, 점심, 저녁 광주에서만 외식하는 10년 차 직장인"
  (구체적이고 진솔함)
- **(약속)** "초보 엄마들을 위한 현실 육아템만 리뷰합니다."
- **(나쁜 근거)** "육아는 템빨! 최고의 육아템 추천"(차별성 없음)
- **(좋은 근거)** "광고, 협찬 1도 없이 제 돈으로만 세 아이 키운 7년 차 전업주부"(강력한 신뢰 형성)

이처럼 근거는 '얼마나 대단한가'보다 '얼마나 매력적이고 진솔한가'가 더 중요합니다. 처음부터 완벽한 메시지를 만들려고 하기보다는, 여러 버전의 '약속'과 '근거'를 실험해보면서 어떤 문장이 시청자에게 가장 좋은 반응을 얻는지 끊임없이 분석하고 개선하는 과정이 반드시 필요합니다.

대체 불가능한 '페르소나' 설정하기

시청자들은 정보를 소비하는 것이 아니라 '캐릭터'와 관계를 맺고, 그 캐릭터의 이야기에 열광합니다. 따라서 당신의 채널을 이끌어갈 화자의 페르소나를 구체적으로 설정하는 것은, 콘셉트를 완성하는 마지막이자 가장 중요한 단계입니다. 페르소나를 설정할 때는 두 가지 질문에 답해야 합니다. "나는 누구에게 말할 것인가?" 그리고 "나는 누구로서 말할 것인가?"

1. 누구에게 말할 것인가?: 타깃 페르소나 설정

'타깃 페르소나'는 내 콘텐츠를 소비할 핵심 고객을 구체적이고 생생한 '가상의 인물'로 설정하는 것을 의미합니다. 단순히 '20대 여성'과 같은 인구통계학적 정보를 넘어, 그들의 가치관, 라이프스타일, 그리고 어떤 문제로 좌절하고 무엇을 열망하는지 등 심층적인 부분까지 포함해야 합니다.

내 채널의 타깃 페르소나가 명확해지면, 어떤 콘텐츠를 언제 어떻게 만들어야 할지 방향이 선명해집니다. 예를 들어, 나의 타깃 페르소나가 '야근에 지쳐 건강관리에 소홀한 30대 초반의 직장인'이라면, 우리는 그에게 '3분 만에 만드는 초간단 건강 도시락'이나 '의자에서 하는 5분 스트레칭' 같은, 그의 삶에 즉각적인 해결책을 제시하는 콘텐츠를 제공할 수 있습니다. 이처럼 타깃 페르소나 설정은 유저와 깊은 공감대를 형성하고 효과적인 콘텐츠를 만드는 첫걸음입니다.

2. 누구로서 말할 것인가?: 화자 페르소나 구축

타깃 페르소나 설정만큼이나 중요한 것이 바로 '화자 페르소나', 즉 말을 하는 나 자신 혹은 우리 브랜드의 캐릭터를 설정하는 것입니다. 많은 분들이 자신을 드러내는 것을 꺼려 화자가 보이지 않는 콘텐츠를 만들지만, 이럴 경우 유저는 정보만 얻어갈 뿐, 채널 자체에 대한 애착을 갖기 어렵습니다. 중요한 것은 '얼굴을 보이느냐'가 아니라, '화자의 존재가 느껴지느냐'입니다. 레시피 채널이라면 늘 특정 색깔의 장갑을 끼고 요리하거나, 특징적인 목소리로 내레이션을 하는 것만으로도 충분히 캐릭터 설정이 가능합니다. 매력적인 화자 페르소나는 '직업적 특성 + 성격적 특성 + 기억 요소'라는 공식으로 구축할 수 있습니다.

- **직업적 특성:** 내가 누구이며, 어떤 전문성을 가졌는가?
  (예: 10년차 마케터, 전직 셰프, 세 아이의 엄마)
- **성격적 특성:** 나는 어떤 말투와 태도를 가졌는가?
  (예: 직설적이고 할 말 다 하는, 따뜻하고 위로를 잘하는, 엉뚱하고 재치 있는)
- **기억 요소:** 시청자들이 나를 떠올릴 만한 고유한 장치가 있는가?
  (예: 특정 유행어, 독특한 제스처, 늘 쓰고 나오는 모자)

예를 들어, 단순히 '운동 알려주는 사람'이 아니라, 직업(재활 전문 물리치료사)에 성격(팩트 폭격기 스타일)을 더하고, 기억 요소("제발 그 운동 좀 그만하세요!")라는 강력한 유행어를 결합하면, 독보적이고 대체 불가능한 캐릭터가 탄생합니다. 당신의 채널은 어떤 캐릭터로 시청자들의 기억에 남고 싶습니까?

스토리텔링, 당신을 기억하게 만드는 가장 강력한 무기

채널의 콘셉트는 프로필 소개글에 적어두는 것만으로는 부족합니다. 콘텐츠를 통해 그 **콘셉트에 맞는 '스토리'를 지속적이고, 일관되게, 그리고 반복적으로 전달해야** 합니다. 스토리텔링형 콘텐츠는 바로 채널을 운영하는 당신의 이야기를, 단순한 정보 채널을 넘어 하나의 생명력 있는 브랜드로 만들어주는 가장 강력한 무기입니다.

1. 어떤 이야기를 해야 하는가?

좋은 스토리텔링은 앞서 '메시지' 파트에서 다루었던 '약속과 근거'의 원칙을 따릅니다. 당신의 채널이 왜 이 '약속(가치)'을 전달하기에 적합한지에 대한 '근거'를, 당신의 실제 경험을 바탕으로 한 스토리로 풀어내는 것입니다. 대표적으로 아래와 같은 네 가지 유형의 스토리를 활용할 수 있습니다.

- **창업·시작 스토리(The Origin Story):** '내가 왜 이 채널(또는 비즈니스)을 시작하게 되었는가?'에 대한 이야기입니다. 당신의 절박했던 문제의식이나, 이 일을 시작하게 된 운명적인 계기 등을 공유하며 진정성을 확보할 수 있습니다.

- **실패와 극복 스토리(The Failure & Overcoming Story):** '내가 과거에 어떤 쓰라린 실패를 겪었고, 그것을 통해 무엇을 배웠는가?'에 대한 이야기입니다. 완벽한 모습보다, 오히려 실패를 인정하고 극복하는 인간적인 모습에 시청자들은 더 큰 공감과 신뢰를 보냅니다.

내가 과거에 어떤 쓰라린 실패를 겪었고, 그것을 통해 무엇을 배웠는가?

어떤 이야기를 해야 하는가?

내가 왜 이 채널 (또는 비즈니스)을 시작하게 되었는가?

나는 이 채널을 통해 궁극적으로 무엇을 이루고, 어떤 세상을 만들고 싶은가?

나의 팬(또는 고객)이 나를 통해 어떻게 긍정적으로 변화했는가?

- **철학과 비전 스토리(The Philosophy & Vision Story):** '나는 이 채널을 통해 궁극적으로 무엇을 이루고, 어떤 세상을 만들고 싶은가?'에 대한 이야기입니다. 이는 시청자들이 당신의 단순한 팔로워가 아닌, 당신의 비전을 함께 응원하는 '동료'이자 '팬'이 되게 만듭니다.

- **고객·팬과의 스토리(The Customer·Fan Story):** '나의 팬(또는 고객)이 나를 통해 어떻게 긍정적으로 변화했는가?'에 대한 이야기입니다. 이는 나의 영향력을 증명하는 가장 강력한 '사회적 증거'가 되며, 기존 팬들에게는 큰 자부심을 느끼게 합니다.

2. 왜 같은 이야기를 반복해야 하는가?:
새로운 방문자를 위한 자기소개

많은 분들이 '이 이야기는 지난번에 했는데, 또 해도 될까?'라며 반복을 두려워합니다. 내가 지겨우면 시청자도 지겨울 것이라 생각합니다. 하지만 이는 숏폼 생태계의 본질을 이해하지 못한 생각입니다.

숏폼의 노출은 나를 이미 아는 사람이 아닌, 매번 새로운 사람을 대상으로 하는 커뮤니케이션입니다. 당신의 영상은 매일 새로운 '낯선 방문자'를 맞이하고 있습니다. 따라서 나의 핵심 스토리를 주기적으로 반복하여 전달하는 것은, 이 새로운 방문객들에게 "저는 이런 사람입니다"라고 자기소개를 하는 것과 같은, 매우 중요하고 전략적인 활동입니다.

그런 차원에서 스토리텔링형 콘텐츠는, 트렌드형 콘텐츠나 정보성 콘텐츠와는 별도로, 당신의 채널 콘셉트를 강화하고 새로운 타깃 유저를 '팬'으로 만들기 위해 주기적으로 반드시 발행되어야 합니다.

시작을 위한 팁: '발명'이 아닌 '발견'에서 시작

이 모든 콘셉트 기획 과정이 너무 막막하고 어렵게 느껴지시나요? 그렇다면 모든 것을 처음부터 만들어내야 한다는 '창조'의 압박감에서 벗어나, 이미 성공한 사례를 배우고 내 것으로 만드는 '발견'에서 시작해 보시길 바랍니다. 특히 이 벤치마킹의 대상을 국내가 아닌 '해외'에서 찾는다면, 아직 국내에 소개되지 않은 '블루오션' 콘셉트를 선점할 수 있는 기회를 얻게 됩니다. 특히 벤치마킹할 때는 부분이 아닌, '전체'를 벤치마킹해야 함을 명심하시기 바랍니다.

1. 해외 사례 벤치마킹의 3단계 프로세스

◆ **핵심 키워드 확장 및 번역**

먼저, 내 비즈니스 카테고리의 핵심 키워드를 다양한 언어로 번역하는 작업이 필요합니다. 예를 들어, 내가 '명상 앱'을 운영한다면, 단순히 'Meditation'뿐 아니라 'Mindfulness', 'Stress Relief', 'Sleep Aid' 등 연관 키워드를 찾아야 합니다. 이 과정에서 챗GPT와 같은 AI 도구에게 "명상과 관련된 영어, 중국어, 일본어 키워드를 각각 10개씩 알려줘"라고 요청하면, 생각지 못했던 새로운 키워드들을 발견할 수 있습니다.

◆ **해외 플랫폼 탐험 및 분석**

번역된 키워드를 가지고 틱톡, 유튜브, 인스타그램 등에서 직접 검색하며 해외 크리에이터들을 탐험합니다. 이때 단순히 인기 있는 계정을 보는 것을 넘어, 아래와 같은 질문을 던지며 분석해야 합니다.

- 이 채널의 핵심 콘셉트와 타깃 고객은 누구인가?
- 어떤 콘텐츠 포맷(예: 인터뷰, 튜토리얼, 상황극)을 주로 사용하는가?
- 시청자들은 어떤 포인트에서 가장 열광적으로 반응하는가?

◆ '한국형'으로 재해석 및 적용

성공적인 해외 콘셉트를 발견했다면, 이제 그것을 국내 시장과 나의 스타일에 맞게 '재해석'하는 과정이 필요합니다. 그대로 복사하는 것은 단순한 모방일 뿐이며, 성공할 수도 없습니다. 발견한 콘셉트에 나의 고유한 페르소나와 스토리를 결합하고, 한국적인 정서와 트렌드에 맞게 변주하여 '나만의 새로운 콘셉트'로 발전시켜야 합니다. 이 과정을 통해 실패 확률을 크게 줄일 수 있습니다.

많은 사람이 우연히 본 하나의 바이럴 영상, 즉 '히트곡의 후렴구' 같은 것만 따라 하는 실수를 저지릅니다. 하지만 그 후렴구가 왜 사람들의 마음을 움직였는지 알려면, 노래 전체의 기승전결과 앨범 전체의 콘셉트를 이해해야 합니다.

마찬가지로, **성공적인 숏폼 계정은 하나의 영상이 아닌, 채널의 이름, 메시지, 페르소나, 썸네일, 그리고 콘텐츠들 사이의 일관성이 조화롭게 어우러진 '잘 기획된 앨범'**과 같습니다. 따라서 벤치마킹을 할 때는, 하나의 영상이 아니라 그 채널이 어떻게 콘셉트의 '통일성'과 '일관성'을 유지하는지를 배워야만 성공 확률을 높일 수 있습니다.

05

운칠기삼
[운영이 70, 기획이 30]

왜 나의 '역작'은 아무도 보지 않는가?

최근 국내 최고의 브랜드 애그리게이터(Aggregator) 중 한 곳의 총괄 이사님께서 저의 숏만연구소를 찾아와 이런 고민을 이야기했습니다. "10년 차 이상의 베테랑들로 구성된, TV 광고(TVC)를 만들던 전문 영상팀을 보유하고 있는데, 이상하게 저희가 만든 숏폼은 업로드만 하면 반응이 좋지 않아요. 왜 대행사나 전문 제작사가 만든 숏폼 콘텐츠는 실패 확률이 높은 걸까요?"

이것은 비단 한 회사의 고민이 아닐 겁니다. 아마 많은 기업과 크리에이터들이 비슷한 경험을 했을 것입니다. 큰 예산과 긴 시간을 들여 만든 '역작' 같은 콘텐츠가 조회수 1,000회를 넘기지 못하고, 반면 아무런 기대 없이 올린 영상이 하룻밤 사이에 100만 뷰를 기록하는 아이러니.

이러한 현상이 발생하는 가장 큰 이유는, 많은 사람들이 숏폼 계정 운영을 '콘텐츠 업로드'에서 끝나는 일이라고 생각하기 때문입니다. 영상을 올리고 나면, 그저 알고리즘의 선택을 받기를 기도하며 기다리는 경우가 대부분입니다. 하지만 ==진짜 게임은 영상을 올린 직후부터 시작됩니다.== 기도하며 기다리는 것이 아니라, 데이터를 보며 적극적으로 '운영'하고 반응을 직접 만들어가야 합니다.

바로 이 지점에서 기존의 제작사나 대행사가 어려움을 겪습니다. 그들의 구조에서는 광고주 컨펌을 받은 콘텐츠를 수정하거나, 한번 올린 콘텐츠를 다시 올린다는 것은 상상하기 어려운 일입니다. 한번 본 고객에게 다시 노출되는 것을 '실수'나 '오류'라고 생각하며 두려워하기 때문입니다.

하시만 이는 숏폼 생태계의 본질을 이해하지 못한 접근입니다. 숏폼은 기본적으로 나를 팔로우한 사람이 아닌 비팔로워, 즉 새로운 잠재 고객에게 노출되는 것이 기본 원리입니다. 따라서 반응이 ==저조한 콘텐츠는 과감히 숨기거나 삭제하고, 데이터를 기반으로 개선하여 다시 올리는 '테스트'가 얼마든지 가능하며, 또 반드시 필요합니다.==

결국 숏폼의 성공은 영상의 '완성도'나 '기획'만으로 결정되지 않습니다. 오히려 많은 사람들이 간과하는 '운영'의 영역에서 성패가 갈리는 경우가 훨씬 많습니다. 이것이 바로 운영이 7을, 기획이 3을 차지하는 '운칠기삼'의 세계입니다. 그렇다면 지금부터 그 '운영'의 비밀을 하나씩 파헤쳐 보겠습니다.

숏폼 계정 성공을 위한 '린(Lean)' 사고방식

앞서 우리는 '운영'이 숏폼의 성패를 가른다는 사실을 확인했습니다. 그렇다면 성공하는 운영의 핵심 철학은 무엇일까요? 저는 그것이 바로 '린(Lean)하게' 움직이는 것이라고 생각합니다.

'린 스타트업'은 단순히 제품을 완벽하게 만들어 출시하는 것이 아니라, 최소한의 기능만 갖춘 제품(MVP)을 빠르게 출시하고, 고객의 피드백을 통해 끊임없이 개선해나가는 방법론입니다. 저는 숏폼 계정의 운영이야말로 이 '린 스타트업' 방식이 가장 효과적으로 적용될 수 있는 분야라고 확신합니다.

많은 분들이 완벽한 기획과 결과물이 나올 때까지 시작을 주저하거나, 지레짐작만으로 변화를 두려워합니다. 초반 후킹을 이렇게 하면 뜰 수 있을까요? A가 좋을까요 B가 좋을까요? 교육과 컨설팅을 진행하며 수많은 질문을 받지만 이 질문에 대한 답은 실행해야 알 수 있다입니다. 숏폼은 빠른 실행과 데이터 기반의 피드백으로 수많은 도전을 디벨롭했을 때 성공 확률을 높일 수 있습니다. 완벽한 콘텐츠 하나를 위해 한 달을 쏟는 것보다, 70% 수준의 콘텐츠 10개를 빠르게 테스트하고 개선하는 것이 훨씬 더 현명합니다. 숏폼 운영에서의 '린 스타트업'은 다음 3단계의 무한 반복입니다.

- **가설 설정 및 제작(Build):** "이런 후킹 멘트가 통할 것이다", "이런 BGM이 유행할 것이다"와 같은 가설을 세우고, 이를 검증하기 위한 최소한의 콘텐츠(Minimum Viable Content)를 빠르게 제작합니다.

- **데이터 측정(Measure):** 콘텐츠를 업로드한 후, 조회수, 완보율, 댓글 반응 등 시청자의 실제 데이터를 객관적으로 측정하고 분석합니다.

- **개선 및 학습(Learn):** 측정된 데이터를 바탕으로 우리의 가설이 맞았는지 틀렸는지 학습하고, 무엇을 개선해야 할지 파악합니다. 그리고 이 학습을 바탕으로 콘텐츠를 수정하여 다시 업로드합니다.

저희 '숏만연구소' 채널의 사례를 들어보겠습니다. 계정을 운영할 때 차별화된 콘셉트와 콘텐츠로 첫 영상을 편집하여 1분 40초의 숏폼으로 올린 적이 있습니다. 하지만 결과는 처참했습니다. 조회수는 200회를 넘지 못했습니다. 하지만 저희는 시행착오의 필요성을 잘 알고 있었습니다. 데이터를 보니 평균 시청 시간이 35초 가까이 되었습니다.

만약 저희가 기존의 방식대로 생각했다면, '이 콘텐츠는 실패작'이라고 결론 내리고 영상을 삭제했을 것입니다. 하지만 저희는 '린'하게 접근했습니다. 데이터를 통해 '시청자들은 35초 이후부터 급격히 이탈한다'는 사실을 학습했습니다. 그래서 기존 영상을 과감히 숨김, 보관 처리하고, 영상을 두 편의 시리즈 물로 설계해 35초 버전으로 재편집한 뒤 다시 업로드했습니다. 결과는 어땠을까요? 해당 영상은 12만 뷰를 기록하며 성공적인 콘텐츠가 되었습니다.

이처럼 지표를 확인하고 고객이 이탈하는 부분을 가설로 삼아 보완, 개선하는 방식으로 '린'하게 운영한다면 실패할 확률을 극적으로 낮추고 성공 확률을 높일 수 있습니다. 실패를 두려워하지 마십시오. 숏폼에서 실패는 그저 성공을 위한 또 하나의 데이터일 뿐입니다.

숏폼은
데이터 기반의 피드백으로
'Lean'하게
움직여야 합니다.

'콘텐츠' 운영 기술:
목적에 따른 콘텐츠의 '비중조절'을 기억하자

1. 콘텐츠에도 '포트폴리오'가 필요하다

"정보성 콘텐츠가 좋을까요? 재미있는 콘텐츠가 좋을까요?" 제가 많이 받는 질문 중 하나입니다. 하지만 이 질문은 "주식과 예금 중 무엇이 더 좋은가요?"라는 질문과 같습니다. 정답은 없습니다. 오직 당신의 '목표'와 '상황'에 맞는 최적의 '콘텐츠 포트폴리오'를 구성하는 것만이 있을 뿐입니다. 많은 분들이 하나의 성공 공식에 집착하는 흑백논리에 빠지지만, 성공하는 채널은 여러 유형의 콘텐츠를 전략적으로 조합하고 그 비중을 유연하게 조절합니다.

2. 성공을 부르는 '4:2 씨앗과 수확의 법칙'

콘텐츠 포트폴리오 구성이 막막하다면, 제가 수많은 채널을 운영하며 가장 효과적이었던 '4:2 씨앗과 수확의 법칙'을 시행해보길 권합니다. 이는 6개의 콘텐츠를 하나의 주기로 보고, 4개의 '트래픽 콘텐츠'와 2개의 '전환 콘텐츠'로 그 역할을 명확히 나누어 운영하는 매우 강력한 프레임워크입니다. 많은 분들이 이 지점에서 "왜 굳이 역할을 나눠야 하나요? 하나의 콘텐츠로 바이럴과 판매, 두 마리 토끼를 다 잡으면 안 되나요?"라고 질문합니다. 물론 그것이 가능하다면 가장 좋겠지만, 제 경험상 이는 대부분 '과욕'으로 끝날 확률이 높습니다. 바이럴을 목표로 하는 '트래픽 콘텐츠'는 최대한 많은 사람의 공감을 얻기 위해 메시지가 넓고 가벼워야 하지만, 구매를 목표로 하는 '전환 콘텐츠'는 타깃 고객을 설득하기 위해 메시지가 깊고 명확해야 하기 때문입니다. 이 두 가지 상충하는 목표를 하나의 영상에 억지로 담으려고 한다면, 콘텐츠는 정체성을 잃고 실패하게 됩니다.

따라서 우리는 '하나로 모든 것을 해결하겠다'는 욕심을 내려놓고, 각 콘텐츠에 하나의 명확한 역할만을 부여하는 현명한 전략이 필요합니다. 이것이 바로 '씨앗과 수확의 법칙'의 핵심입니다.

◆ **트래픽 콘텐츠(4개): 새로운 고객을 끌어오는 '자석'**

전체 콘텐츠의 3분의 2를 차지하는 '트래픽 콘텐츠'의 유일한 목표는 '최대한 많은 사람을 내 채널로 데려오는 것'입니다. 이 콘텐츠들은 당장의 판매를 목표로 하지 않습니다. 대신, 알고리즘의 선택을 받아 폭발적인 조회수와 바이럴을 일으키는 '자석' 역할을 합니다.

- **주요 형태**
  - 지금 가장 유행하는 트렌드 챌린지나 밈 활용
  - 타깃 고객이 공감할 만한 유머러스한 상황극
  - '이것만 알면 당신도 OOO 전문가'와 같은 유용한 정보나 꿀팁
  - 시각적, 청각적 쾌감을 주는 감각적인 콘텐츠(ASMR, Oddly Satisfying 등)

- **핵심 역할**
  - 이 콘텐츠들은 우리 채널의 존재를 세상에 알리고, 새로운 잠재 고객들이 우리를 '발견'하게 만드는 가장 중요한 동력입니다.

4:2 씨앗과 수확의 법칙

트래픽 콘텐츠 1 / 트래픽 콘텐츠 2 / 트래픽 콘텐츠 3 / 트래픽 콘텐츠 4

채널의 존재를 세상에 알리고, 새로운 잠재 고객들이 우리를

발견

전환
팔로워 전환, 구매 전환

전환 콘텐츠 1 / 전환 콘텐츠 2

◆ **전환 콘텐츠(2개): 방문자를 '고객'으로 바꾸는 '설계도'**

'트래픽 콘텐츠'가 끌어모은 수많은 방문객을 그냥 흘려보내서는 안 됩니다. 이제 그들을 '전환'시킬 시간입니다. '전환 콘텐츠'는 방문객을 '팔로워'로, 그리고 '구매 고객'으로 바꾸는 명확한 목적을 가진 설계도입니다.

- **주요 형태**
  - **팔로워 전환:** "다음 편에서 더 놀라운 결과를 공개합니다. 궁금하면 팔로우!"와 같은 시리즈물 예고, 채널의 정체성을 보여주는 스토리텔링 콘텐츠, Q&A나 댓글 반응 영상 등
  - **구매 전환:** 제품의 효과를 명확히 보여주는 사용법이나 비포&애프터, 고객의 신뢰를 얻는 실제 사용 후기, 구매를 망설이지 않게 하는 기간 한정 프로모션 등

- **핵심 역할**
  - 이 콘텐츠들은 우리 채널을 왜 구독해야 하는지에 대한 이유를 제공하고, 우리 제품이나 서비스가 왜 필요한지에 대한 명분을 만들어, 최종적으로 비즈니스 목표를 달성하게 만듭니다.

3. 성공의 비밀, '패턴화'에 있다

이때 많은 분들이 "매번 어떻게 새롭고 창의적인 아이디어를 내지?"라며 창작의 고통을 호소합니다. 하지만 성공하는 크리에이터들은 매번 무(無)에서 유(有)를 창조하지 않습니다. 그들은 이미 성공이 검증된 몇

가지 '콘텐츠 패턴'을 가지고 있으며, 그 패턴 위에 지금 가장 유행하는 '소재(트렌드)'만 바꿔 끼우는 방식으로 효율성과 성공 확률을 동시에 높입니다.

매번 새로운 형식의 영상을 기획하는 것은 비효율적입니다. 우리 채널만의 '흥행 공식', 즉 정형화된 패턴을 만들어두고 그 안에 소재만 다르게 적용한다면, 훨씬 적은 노력으로 꾸준히 좋은 성과를 낼 수 있습니다.

물론 '4:2'라는 비율이 절대적인 정답은 아닙니다. 채널의 성장 단계나 특정 캠페인 기간 등 단기적인 목표에 따라 이 비중은 5:1이나 3:3 처럼 유연하게 조절되어야 합니다. 가장 중요한 것은 "이번 주에 우리는 어떤 목표에 집중할 것인가?"를 먼저 정하고, 그에 맞춰 콘텐츠 포트폴리오를 전략적으로 운영하는 것입니다.

'소통'을 설계하는 기술: 댓글, 기다리지 말고 설계하라

숏폼 콘텐츠는 그 자체가 하나의 작은 커뮤니티입니다. 이 커뮤니티가 활발하게 살아 움직이지 않으면, 즉 시청자들의 소통과 참여가 없다면 영상은 퍼져나가지 못합니다. 실제로 많은 크리에이터들 중 콘텐츠 제작 능력은 뛰어나지만, 꾸준한 성과를 내지 못하고 정체기를 겪는 계정이 있습니다. 경험에 비추어 볼 때, 큰 이유 중 하나는 바로 '소통의 부재', 즉 댓글을 관리하지 않기 때문입니다. 물론 각자의 이유는 존재합니다. 브랜드는 리스크 관리 차원에서 조심스러울 수 있고, 크리에이터는 모든 댓글에 답할 시간이 부족할 수도 있습니다. 댓글에 답글을 달지 않는 것은, 내 가게에 찾아온 손님에게 눈길 한번 주지 않는 것과 같습니다. 그 다음 손님이 또 찾아올 리 없습니다. 하지만 진짜 프로는 단순히 답글을 다는 것에서 멈추지 않습니다. 그들은 댓글이 달릴 수밖에 없는 상황을 '설계'하고, 대화의 '판'을 직접 만들어 나갑니다.

1. 기획: '댓글의 씨앗'을 심기

성공적인 소통은 콘텐츠 기획 단계에서부터 시작됩니다. 영상을 만들기 전, "나는 이 영상으로 어떤 댓글이 달리게 할 것인가?"를 먼저 고민하고, 콘텐츠 안에 '댓글의 씨앗'을 의도적으로 심어두어야 합니다.

- **정보의 공백 활용:** 영상에서 의도적으로 특정 정보(가격, 장소 등)를 생략하여 "그래서 얼마예요?"와 같은 질문을 유도합니다.
- **논쟁 유도:** "짜장면 vs 짬뽕"처럼, 정답이 없고 사람들의 의견이 갈리는 주제를 던져 토론의 장을 엽니다.
- **캡션을 통한 직접 질문:** 영상 마지막에 "여러분은 이럴 때 어떻게 하시나요?"와 같이 캡션을 통해 직접적인 질문을 던져 참여를 촉구합니다.

2. 실행: '첫 댓글'로 대화의 물꼬를 트기

콘텐츠를 업로드한 직후, 가장 중요한 것은 '첫 댓글'의 분위기입니다. 시청자들은 다른 사람의 반응을 보고 자신의 행동을 결정하는 경향이 있기 때문입니다. 이때, 우리가 직접 대화의 '멍석'을 깔아주는 것이 중요합니다.

저희가 로봇 기업인 로보티즈의 '알쥐(RG)' 계정을 운영할 때의 사례를 들어보겠습니다. 당시 저희는 코딩 로봇 알쥐와 주인인 '알집사'의 스토리를 기획하고 프로젝트를 시작했습니다. 하루는 알쥐가 사고를 쳐서 알집사가 버릇을 고쳐주기 위해 집을 내보냈다가, 알집사가 그리워하며 알쥐를 찾아 나서는 내용의 영상을 올렸습니다.

그리고 영상 아래 고정 댓글로 "알쥐를 찾습니다. 알쥐는 어디로 갔을까요?"라는 질문을 남겼습니다. 만약 여기서 아무도 반응하지 않았다면, 이 영상은 그대로 묻혔을지도 모릅니다.

하지만 저희는 네 명의 팀원이 각자 다른 아이디로 그 아래에 댓글을 달았습니다. "저는 알쥐를 강남역에서 봤어요.", "어? 아닌데? 우리 집에서 자고 있는데?", "학교 급식실에서 본 것 같아요." 등 말이 안 되지만, 하나의 놀이처럼 느껴지는 동일한 패턴의 댓글을 의도적으로 남겼습니다.

결과는 어땠을까요? 그 댓글들을 본 시청자들은 이것이 '놀이'임을 직감하고 자발적으로 동참하기 시작했습니다. "알쥐, 우리 동네 PC방에서 게임하고 있더라", "군대 간 내 친구 대신 보초 서고 있던데?" 와 같은 재치 있는 목격담이 꼬리에 꼬리를 물었고, 하루가 채 되지 않아 200개가 넘는 댓글이 달리며 하나의 밈이 되었습니다. 그리고 이 폭발적인 참여에 힘입어, 이 콘텐츠는 채널의 두 번째 영상임에도 100만 뷰를 기록하며 성공적으로 바이럴되었습니다. 그리고 2번째 콘텐츠 만에 100만 뷰를 넘기고 만 명의 팔로워를 확보할 수 있었습니다.

이 사례에서 우리가 배울 수 있는 인사이트는 명확합니다. 댓글은 기다리는 것이 아니라, 만드는 것이고, 설계하는 것이라는 사실입니다.

알쥐의 케이스는 다수의 행동을 무의식적으로 따라 하게 되는 '밴드웨건 효과(Bandwagon Effect)'를 댓글 유도에 영리하게 활용한 것입니다. 물론, 이러한 전략은 콘텐츠의 품질과 진정성이 병행될 때 가장 큰 힘을 발휘합니다. 조작된 반응이 아닌, 즐거운 '놀이의 판'을 제공할 때 시청자들은 기꺼이 그 판의 주인공이 되어줍니다.

3. 확장 - '원정' 가서 잠재 고객을 데려오기

내 채널 안에서 소통하는 것으로는 부족합니다. 물고기가 오기를 수동적으로 기다리는 낚시꾼이 아니라, 물고기가 가장 많이 모인 황금 어장으로 직접 배를 몰고 나가는 적극적인 어부가 되어야 합니다. 즉, 내 잠재 고객이 모인 곳으로 직접 '원정'을 떠나, 그들을 내 채널로 데려와야 합니다.

이 적극적인 '아웃바운드 소통'은 크게 두 가지 방식으로 이루어질 수 있습니다.

- **경쟁 채널 댓글에서 '고객 낚아채기'**: 가장 확실한 어장은 바로 내 경쟁 채널의 '댓글 창'입니다. 그곳은 이미 우리 분야에 관심이 많고, 소통에 적극적인 '정예 고객'들이 모여 있는 곳이기 때문입니다. 예를 들어, 저희가 '세븐일레븐' 계정을 운영할 때는 콘텐츠를 업로드한 직후, 경쟁사인 GS25나 CU의 인기 게시물에 의미 있는 댓글을 단 사용자들의 계정을 직접 방문했습니다. 그리고 그들의 다른 게시물에 '좋아요'를 누르거나, "편의점 신상에 관심이 많으시군요! 저희 세븐일레븐에도 이번에 대박

신상이 나왔는데, 한번 구경 오세요!"와 같이 말을 걸며 먼저 관심을 표현했습니다. 이처럼 경쟁사의 팬을 우리 채널의 팬으로 흡수하는 전략은 콘텐츠의 초기 확산에 강력한 부스터 역할을 합니다.

- **외부 커뮤니티에 '자연스럽게' 스며들기:** 두 번째 방법은, 내 잠재 고객들이 모여 있는 외부의 커뮤니티(예: 네이버 카페, 오픈채팅방, 커뮤니티 앱 등)에 나의 존재를 자연스럽게 알리는 것입니다. 이때, 무작정 내 콘텐츠 링크를 공유하는 것은 '스팸'으로 인식되어 오히려 반감을 살 수 있습니다. 그 대신, 해당 커뮤니티의 일원으로서 먼저 진솔하게 활동하며 신뢰를 쌓는 과정이 필요합니다. 다른 사람들의 글에 진심으로 댓글을 달아주고, 유용한 정보를 공유하며 도움을 주다가, "마침 제가 얼마 전에 이 주제와 관련해서 정리해 둔 숏폼 영상이 있는데, 도움이 될 것 같아 공유해봅니다"와 같은 방식으로 접근해야 합니다.

==나의 전문성과 진정성을 바탕으로 한 자연스러운 노출은, 알고리즘만으로는 도달할 수 없었던 새로운 잠재 고객을 내 채널로 이끄는 강력한 다리가 되어줄 것입니다.==

'관계'를 운영하는 기술

훌륭한 콘텐츠와 영리한 소통 전략으로 시청자의 '반응'을 얻었다면, 이제 그들을 일회성 방문객이 아닌 우리 채널의 든든한 지원군, 즉 '찐팬'으로 만들어야 합니다.

1. 모든 관계의 시작, '진정성'

소통과 계정 운영에는 진정성과 상대에 대한 관심이 묻어나야 합니다. 내가 관심 없는 카테고리에 진정성이 있는 척하는 것은 쉽게 들통나기 마련이고, 운영자 본인의 진심이 없는 콘텐츠는 팔로워들에게 결코 감동을 줄 수 없습니다.

'찐 소통'이란 진짜 관계를 쌓기 위해 노력한다는 것을 의미합니다. 댓글을 단 사용자의 계정에 직접 방문하여 어떤 사람인지 관심을 갖고, 그를 한 명의 인격체로 기억하려는 노력이 필요합니다. 제가 만난 성공한 크리에이터들은 팔로워에 대한 깊은 애정과 관심을 가지고, 24시간 소통을 위해 핸드폰을 손에서 놓지 않을 정도였습니다.

많은 분들이 저지르는 가장 큰 실수는 의미 없는 '맞팔'과 '맞좋아요'에 집착하는 것입니다. ==단순히 숫자를 늘리기 위해 나와 관련 없는 사람들과 대가성 관계를 맺는 것은 오히려 계정에 독==이 됩니다. 왜일까요? 그렇게 관계를 맺은 사람들은 바쁘기 때문에, 당신의 콘텐츠를 끝까지 시청하지 않고 의무적으로 '좋아요'만 누르고 이탈할 가능성이 높기 때문입니다. 이는 알고리즘에게 '이 영상은 매력이 없어 사람들이 금방 나가버린다'는 최악의 신호를 보내는 것과 같습니다.

따라서 중요한 것은 '진짜 내 콘텐츠에 관심을 보인 사람'을 찾아 그들과 깊게 소통하려는 노력입니다. 물론 시간이 부족해서 모든 사람과 소통하기는 어렵습니다. 그렇다면 소통할 대상을 모든 팔로워로 규정짓지 말고, 나의 '찐팬'이 될 가능성이 가장 높은 소수의 사람들을 타깃팅하여 그들과 집중적으로 관계를 맺는 것이 훨씬 더 현명한 전략입니다.

'내 분야에 관심 있는 1천 명의 찐팬을 만들고 소통한다'는 명확한 목표를 세우고 꾸준히 노력한다면, 이는 안정적인 트래픽과 구매 전환을 만드는 가장 강력한 자산이 될 것입니다.

2. 관계를 다지는 기술, '우리만의 언어'

진정성 있는 소통을 통해 모인 팬들과의 유대감을 더욱 강화하기 위해서는, 우리 커뮤니티만의 '소속감'을 만들어주는 장치가 필요합니다. 그중 가장 효과적인 것이 바로 '애칭(호칭) 만들기'입니다.

팔로워들에게 '구독자님'이 아닌, 우리만의 애칭을 불러주는 것은 크리에이터와 팔로워 사이의 심리적 거리를 좁히고 강력한 친밀감을 형성합니다. 팬들은 자신이 특별한 커뮤니티의 일원이라는 느낌을 받게 되며, 이는 채널에 대한 더 높은 충성도와 적극적인 소통 참여로 이어집니다.

좋은 애칭은 채널의 콘셉트와 철학을 담고 있으면서도, 부르기 쉽고 기억하기 쉬워야 합니다. 팬들의 투표를 통해 함께 정하는 과정을 거친다면, 애칭에 대한 애착을 더욱 높일 수 있습니다.

3. 관계의 확장, '품앗이'의 오해와 진실

내부 팬덤이 단단해졌다면, 이제 외부로 관계를 확장할 시간입니다. 이때 많은 분들이 '품앗이'라는 방법을 사용하곤 합니다. 하지만 이 품앗이는 숏폼 알고리즘에 대한 정확한 이해 없이 사용할 경우, 오히려 계정에 독이 될 수 있습니다. 숏폼 알고리즘은 외부 링크를 통한 인위적인 인터랙션을 '점수'로 인정하지 않습니다. 더 나아가, 내 콘텐츠와 전혀 관련 없는 사람들이 단순히 품앗이를 위해 '좋아요'만 누르고 바로 이탈할 경우, 알고리즘은 당신의 콘텐츠를 '매력 없는 콘텐츠'로 판단하여 노출을 줄여버릴 수 있습니다. 지인에게 무작정 '좋아요'를 부탁하는 행위가 오히려 해가 되는 이유입니다.

하지만 '전략적인 품앗이'는 분명히 효과가 있습니다.

- **관심사가 비슷한 채널과의 협업:** 나와 타깃 고객이 겹치는 채널과의 품앗이는, 이후에도 자연스러운 상호작용으로 이어질 가능성이 높아 긍정적인 효과를 줄 수 있습니다.

- **설계된 댓글로 여론 형성하기:** 이 방법이 '전략적 품앗이'의 핵심입니다. 앞서 말했듯, 외부에서 유입된 인위적인 '좋아요'는 점수에 반영되지 않습니다. 하지만, 전략적으로 설계된 '댓글'은 다른 시청자들의 행동을 유도하는 강력한 '마중물'이 될 수 있습니다.

예를 들어, "이 영상의 숨겨진 의미, 눈치채셨나요?"와 같은 댓글은 다른 시청자들이 '그 의미'를 찾기 위해 영상을 다시 보게 만듭니다. 이는 '완보율'과 '재생 시간'이라는 알고리즘의 핵심 지표를 극적으로 높여줍니다. 또한, "저는 A가 맞는 것 같은데, 다들 어떻게 생각하세요?"처럼 특정 주제에 대한 토론의 방향을 제시하면, 그 댓글을 본 다른 시청자들이 그 주제에 대해 생각하고 자신의 의견을 남기도록 유도하여 폭발적인 참여를 이끌어낼 수 있습니다.

이처럼 숏폼의 노출 알고리즘을 정확히 이해하고, 단순히 '좋아요'를 구걸하는 것에서 벗어나 시청자의 다음 행동을 유도하도록 댓글을 설계한다면, 품앗이는 관계 확장을 위한 매우 효과적인 도구로 활용될 수 있습니다.

06

팔리는 숏폼
[커머스 인사이트]

마인드셋 전환 - '팔로워'가 아닌 '구매자'를 모아라

1. 팔리는 계정은 처음부터 다르다

숏폼 커머스 시장이 본격적으로 펼쳐지는 순간부터, 기존 SNS의 성공 공식은 더 이상 통하지 않습니다. 팔로워나 구독자가 많은가 적은가는 중요하지 않은, 완전히 새로운 경쟁이 시작됩니다. 실제로 수백만 팔로워를 보유한 계정에서도 의외로 판매 전환이 일어나지 않는 경우가 많고, 반대로 팔로워는 적지만 꾸준히 매출이 일어나는 계정이 있습니다. 과연 무엇이 다른 걸까요? 가장 큰 차이는 '계정의 목표'와 '모여든 사람들의 정체성'에 있습니다.

2. '선 성장, 후 수익화' 모델의 함정

전통적인 SNS 성장 전략에서는 팬층을 충분히 확보한 후 판매를 시작하는 것이 일반적이었습니다. 하지만 숏폼 생태계에서 이 전략은 위험한 함정이 될 수 있습니다. 숏폼의 알고리즘은 '콘텐츠'를 중심으로 불특정 다수에게 노출되기 때문에, 당신의 채널에 모인 사람들은 당신의 '재미있는 콘텐츠'를 좋아한 팬들이지, 처음부터 당신의 '상품'을 구매할 고객이 아니었기 때문입니다.

이런 상황에서 뒤늦게 판매를 시도하면, "초심 잃었네", "결국 이것도 광고였어?"와 같은 차가운 비판에 직면하게 됩니다. 구매 전환을 염두에 두지 않고 모인 팔로워는, 판매 시도 앞에서 오히려 가장 큰 저항 세력이 될 수 있습니다. 이는 바이럴에는 성공했지만 판매에는 실패하는, 수많은 브랜드와 크리에이터들이 겪는 흔한 사례입니다.

3. '벼락 성공'에 대비하는 자세

숏폼 생태계에서는 '준비할 시간'을 주지 않고, 성공이 벼락처럼 찾아옵니다. 따라서 우리는 <u>뜨고 나서'를 계획하는 것이 아니라, '언제든 뜰 수 있다'는 것을 가정하고 첫 영상부터 판매의 명분과 구조를 설계해야</u> 합니다. 처음부터 100만 뷰의 바이럴을 기대하기는 어렵지만, 만약 그렇게 되었을 때 유입된 고객을 구매로 전환시킬 최소한의 '팔 것'과 '파는 방식'은 반드시 세팅해 두어야 합니다.

전환을 목표로 하는 계정은 처음부터 판매를 목표로 기획하고, 초기 잠재 고객을 모을 때도 손쉽게 구매할 수 있는 저관여 '미끼 상품'을 통해 반복 구매를 유도하는 방식으로 접근해야 전환 확률을 높일 수 있습니다.

4. 성공의 첫걸음: '플랫폼'에 대한 완벽한 이해

그렇다면 '팔 것'과 '파는 방식'은 어떻게 정해야 할까요? 많은 사람들이 자신의 제품을 어떻게 표현할지 고민할 뿐, 정작 그 물건이 팔릴 '시장', 즉 플랫폼에 대한 이해를 간과하는 실수를 저지릅니다. 내가 팔고자 하는 제품이 개별 숏폼 플랫폼에서 어떻게 팔리고 있는지, 경쟁사들은 어떤 메시지와 포맷으로 소비자의 반응을 이끌어내는지 철저히 연구해야 합니다. 똑같은 영상이라도, 플랫폼마다 사용자의 행동 패턴과 기대치가 다르기 때문입니다. 예를 들어, 정보 탐색이 목적인 유튜브 사용자와 시각적 만족을 추구하는 인스타그램 사용자의 반응은 다를 수밖에 없습니다.

실전 TIP

플랫폼 마켓 리서치

콘텐츠를 만들기 전, 당신이 팔고자 하는 제품의 키워드로 유튜브 쇼츠, 인스타 릴스, 틱톡에서 각각 검색해본 후, 아래 질문에 답해보세요.

- 이 플랫폼에서 내 경쟁 제품은 어떤 방식으로 팔리고 있는가?
- 가장 높은 반응을 얻은 콘텐츠의 공통적인 특징은 무엇인가?
- 사람들은 댓글로 주로 무엇을 묻고, 무엇에 열광하는가?

이처럼 보여지는 조회수 너머, 각 플랫폼의 실제 작동 방식을 이해하고, 그곳에서 팔리는 방식에 맞춰 우리 제품을 재해석할 때, 비로소 '팔리는 숏폼'을 만들 수 있는 첫 번째 단추를 꿸 수 있습니다.

전략 설계: '무엇을' 팔 것인가?

"어떤 것을 팔아야 할까?" 이 질문에 답하기 위해서는, 먼저 숏폼 커머스에서 통용되는 '경쟁력'의 의미부터 새롭게 정의해야 합니다.

1. 사례로 보는 숏폼형 상품력: 왜 이 제품들은 바이럴되었나?

◆ **개념의 재정의: '수건 케이크'**

최근 유행했던 '수건 케이크'가 이 새로운 상품력의 가장 좋은 예시입니다. 사실 이 제품은 기존에 있던 '밀크레이프 케이크'와 크게 다르지 않았습니다. 하지만 '수건'처럼 돌돌 말린 모양에 착안해 '수건 케이크'라는 이름을 붙이자, 수많은 크리에이터들이 수건과 케이크를 비교하며 먹방 콘텐츠를 만들기 시작했습니다. 제품의 이름과 형태가 크리에이터들에게 창작의 영감을 주는 '콘텐츠 재료'가 된 것입니다.

◆ **시각적 효과와 사용법의 매력: 'AZTK 블러셔'와 '인투유 립 머드'**

최근 틱톡에서 큰 인기를 끈 뷰티 제품들의 성공 요인 역시 '숏폼형 상품력'에 있습니다. AZTK의 리퀴드 블러셔는 '수채화처럼 물드는 홍조'라는 독보적인 시각적 효과를 보여줍니다. 또한 '브러시 없이 손으로만 발라도 예쁘게 표현된다'는 점은, 누구나 쉽게 따라 할 수 있는 튜토리얼 콘텐츠를 대량으로 생산시키는 중요한 특징이 되었습니다.

인투유(Into You)의 립 머드는 '머드(진흙)'라는 독특한 질감과 함께, 크리에이터들이 이 제품을 본래 용도인 입술 화장을 넘어 '립 컨투어링(입술 윤곽 수정)'에 활용하는 새로운 사용법(How-to)을 보여주면서 폭발적인 반응을 이끌어냈습니다.

◆ 참여를 유도하는 '챌린지' 요소: '삼양 불닭볶음면'

삼양식품의 '불닭볶음면'은 제품 자체가 어떻게 하나의 '놀이'이자 '챌린지'가 될 수 있는지를 보여주는 완벽한 사례입니다. 이 제품의 핵심 상품력은 '맛'이 아니라, '극강의 매운맛'이라는 도전적인 경험입니다. 전 세계의 사용자들은 이 매운맛에 도전하고, 눈물 콧물을 흘리며 고통스러워하는 자신의 반응을 촬영하여 '#buldakramen' 해시태그와 함께 공유했습니다.

이처럼 제품을 소비하는 과정 자체가 매우 직관적이고, 유머러스하며, 드라마틱한 콘텐츠가 된 것입니다. 시청자들은 다른 사람의 고통을 보며 즐거워하고, '나는 성공할 수 있을까?'라는 도전 의식을 느끼며 자발적으로 챌린지에 동참했습니다. 브랜드가 거액의 광고비를 쓰지 않아도, 소비자들이 스스로 제품의 가장 강력한 마케터가 되어준 셈입니다.

2. 개발자의 관점을 넘어, 크리에이터의 관점으로

이 사례들의 공통점은 명확합니다. 모두 '개발자의 관점'이 아닌 '크리에이터의 관점'에서 강력한 매력을 가졌다는 점입니다. 개발자는 제품의 성분, 기술력, 스펙에 집중하지만, 크리에이터는 "이것으로 어떤 재미있는 콘텐츠를 만들 수 있을까?"를 봅니다. 숏폼 시대의 상품력은 바로 이 크리에이터의 관점에서 시작됩니다. 시각적으로 단번에 눈길을 끌거나, 사용법이 독특하여 바이럴되기 쉬운 제품이 훨씬 더 강력한 상품력을 가집니다.

판매의 '명분'을 설계하기

'무엇을' 팔지가 정해졌다면, 이제 '왜 내가 이것을 파는가'에 대한 '명분'을 만들어야 합니다. 이는 특히 이미 팬덤을 보유한 크리에이터가 커머스를 시작할 때 가장 중요한 부분입니다. 많은 크리에이터들이 '판매'를 시작하는 순간, 기존 팔로워들이 떠나갈까 봐 두려워합니다. 실제로 명분 없이 갑자기 상업적인 모습을 보이면, 진정성을 의심받고 팬들의 외면을 받을 수 있습니다. 따라서 판매를 시작할 때는, "내가 오랫동안 써보고 너무 좋아서, 여러분께도 꼭 소개해드리고 싶었어요"와 같이, 판매가 나의 단기적 이익이 아닌 '팔로워를 위한 가치 제공'이라는 진정성 있는 명분을 스토리텔링으로 충분히 전달해야 합니다.

만약 기존 채널의 콘셉트와 판매하려는 상품의 '명분'이 충돌한다면, 무리하게 진행하기보다 판매를 위한 새로운 '부캐' 계정을 만드는 것도 현명한 전략입니다. 숏폼력만 있다면 새로운 계정을 키우는 것은 어렵지 않으며, 명확한 타깃 고객을 모아 구매 전환율을 높이는 데 더 효과적일 수 있습니다.

전환기에 머뭇거리기보다, 시장을 선점하기 위한 다양한 노력이 필요합니다. 이는 비단 크리에이터에게만 해당되는 이야기가 아닙니다. 브랜드 역시, 단순히 '이 제품은 기능이 좋습니다'를 넘어, 소비자가 '이 브랜드의 제품을 구매해야만 하는 이유'를 제공해야 합니다. 그리고 그 강력한 명분 중 하나가 바로 '사회적 가치'와 '공감'을 보여주는 것입니다.

시장 초기, 어떤 상품이 더 유리할까?
'숏폼형 제품'의 3가지 조건

물론 숏폼 커머스 시장이 성숙할수록 모든 영역의 제품이 판매되겠지만, 유저들이 숏폼을 통한 구매에 아직 익숙하지 않은 시장 초기에는, 소위 '숏폼형 제품(Shortformable Product)'이 유리한 것이 사실입니다. 숏폼형 제품은 다음과 같은 특징 중 하나 이상을 가지고 있습니다.

- **부담 없는 가격대: '일단 한번 사볼까?'**

  숏폼의 소비는 '충동'에서 시작됩니다. 따라서 1~2만 원대의 부담 없는 가격은 시청자가 '한번 사볼까?'라는 가벼운 마음으로 구매 버튼을 누르게 만드는 매우 중요한 요소입니다. '테이프 공', '신기한 주방용품' 등, 실패해도 부담 없는 저관여 상품들이 시장 초기에 성공할 확률이 높습니다.

- **후킹하는 비주얼: '이게 뭐지?'**

  1초 만에 시청자의 스크롤을 멈추게 만들어야 하는 숏폼에서는, 제품 자체가 시각적으로 강력한 '훅(Hook)'이 되어야 합니다. '오로라 유리컵'이나 '수건 케이크'처럼, 제품의 디자인, 색감, 형태 자체가 시청자의 호기심을 자극할 수 있어야 합니다.

- **실험적 재미: '이걸로 놀아볼까?'**

  가장 강력한 숏폼형 제품은, 소비하는 것을 넘어 사용 과정 자체가 하나의 '놀이'이자 '콘텐츠'가 되는 제품입니다. '불닭볶음면 챌린지'나 '슬라임'

숏폼형 제품의 3가지 조건

> 일단 한번 사볼까?

> 이걸로 놀아볼까?

> 이게 뭐지?

- 부담 없는 가격대
- 후킹하는 비주얼
- 실험적 재미

처럼, 사용자들이 제품을 가지고 놀면서 자발적으로 UGC(사용자 생성 콘텐츠)를 만들어내도록 유도하는 것입니다.

하지만 '숏폼형 제품'만이 초기 시장의 정답은 아닙니다. 숏폼커머스의 또 다른 핵심 변수는 바로 '신뢰'이기 때문입니다. 아무리 가격이 비싸고 전문적인 고관여 제품이라도, 수많은 팔로워들에게 깊은 신뢰를 쌓아온 메가 크리에이터(KOL)가 진정성 있는 '명분'을 가지고 추천한다면, 이야기는 달라집니다. 이때 소비자는 제품의 특징을 넘어, 크리에이터에 대한 '믿음' 하나만으로 기꺼이 지갑을 엽니다. 마찬가지로, 이미 검증된 브랜드가 '창립 10주년 기념'이나 '고객 감사'와 같은 설득력 있는 명분을 가지고 파격적인 할인 판매를 진행한다면, 이 역시 시각적 재미를 뛰어넘는 강력한 구매 동기가 될 수 있습니다.

결국, 숏폼 커머스 시장은 저관여 제품부터 고관여 제품까지, 비즈니스의 영역과 분야를 가리지 않습니다. 중요한 것은 '숏폼에 맞는 상품력'을 갖추거나, 혹은 그것을 뛰어넘을 만한 강력한 '신뢰와 명분'을 확보하는 것입니다. 따라서 숏폼 커머스 시장에 처음 진입한다면, 내가 팔고자 하는 제품이 이러한 특징들을 가지고 있는지 먼저 판단하고, 부족하다면 이를 보완하는 전략이 필요합니다.

콘텐츠 제작: '어떻게' 팔 것인가?

'무엇을' 팔지가 정해졌다면, 이제 그것을 '어떻게' 팔아야 하는지 구체적인 콘텐츠 제작 전략으로 넘어갈 차례입니다.

1. '결과물'이 아닌 '과정'을 팔아라: 프로세스 이코노미

팔리는 숏폼 콘텐츠를 만드는 전략도 있지만, 계정 전체의 운영과 콘셉트를 '완성된 제품'이 아닌 '그것을 만들어가는 과정'을 파는 전략으로 설계하는 것도 강력한 전략입니다. 특히 요즘처럼 상품과 서비스, 콘텐츠가 상향평준화되어 결과물만으로는 차별화를 이루기 힘든 상황에서, 진정성을 담아 가치를 만들어가는 과정을 공유하면 독보적인 신뢰를 얻을 수 있습니다.

한번 인기를 끈 콘텐츠가 비슷한 콘셉트로 우후죽순 재생산되는 시대에, 단순히 콘텐츠만으로는 차별성을 확보하기 점점 더 어려워지고 있습니다. 이때 브랜드와 개인의 철학을 담은 '과정'을 공유하는 '프로세스 이코노미(Process Economy)'는 아무나 흉내 낼 수 없는 당신만의 강력한 차별점이 되어줄 것입니다.

2. 신뢰를 만드는 '스토리텔링' 설계하기: 팔리는 콘텐츠의 뼈대

'과정'이든 '제품'의 가치든, 그것을 가장 효과적으로 전달하는 방법은 바로 '스토리텔링'입니다. 시청자가 광고라고 느끼지 않고, 거부감 없이 구매하게 만드는 가장 강력한 기술입니다.

팔리는 스토리텔링 콘텐츠는, 상세 페이지를 기획하듯 명확한 뼈대를 가지고 있어야 합니다. 그 구조는 크게 시청자의 시선을 낚아채는 '후킹(Hooking)' 파트와, 신뢰를 쌓고 구매로 이끄는 '딥다이브(Deep Dive)' 파트로 나눌 수 있습니다.

> **실전 TIP**

당신의 '과정'을 파는 3가지 방법

1. 완벽함이 아닌 '성장 과정'을 공유하라

많은 분들이 완벽한 결과물이 나오기 전까지의 과정을 보여주기를 꺼립니다. 하지만 프로세스 이코노미에서는 오히려 부족하고 불완전한 시작 단계가 가장 강력한 콘텐츠가 될 수 있습니다.

사례 개발 중인 브랜드라면, 완성된 제품을 보여주기 전에 시제품 단계의 어설픈 모습을 먼저 공개하고, "A안과 B안 중 어떤 디자인이 더 마음에 드시나요?"와 같이 고객의 의견을 직접 물어보길 추천합니다. 소비자들은 자신이 낸 의견이 제품에 반영되는 것을 통해, 브랜드를 함께 만들어가는 '동료'라고 느끼게 됩니다.

2. 제품이 아닌 '철학'을 팔아라

프로세스의 가치는, 그 속에 제작자의 명확한 철학이 담겨 있을 때 극대화됩니다. 내가 왜 이 일을 하는지, 이 제품을 통해 어떤 문제를 해결하고 싶은지에 대한 스토리를 진솔하게 전달해야 합니다.

사례 크라우드 펀딩의 성공 사례들이 이를 증명합니다. 제품의 스펙을 나열하기보다, "저는 OOO와 같은 사회 문제를 해결하기 위해 이 제품을 만들게 되었습니다"와 같이, 그들의 '꿈'과 '철학'을 먼저 판매합니다. 지지자들은 당일 배송이 당연한 시대에, 기꺼이 한 달 이상을 기다리며 그 꿈을 응원하는 '팬'이 되어줍니다.

3. 비하인드 스토리를 '독점 콘텐츠'로 제공하라

모든 과정을 전부 보여줄 필요는 없습니다. 오히려 가장 결정적인 순간이나, 가장 인간적인 고뇌가 담긴 '비하인드 스토리'를 특정 팬들에게만 독점적으로 제공함으로써 더 큰 가치를 만들 수 있습니다.

사례 유튜브 멤버십이나 팬 커뮤니티를 통해, 신제품의 최종 후보 디자인을 팬들에게만 먼저 공개하고 투표를 통해 결정하게 할 수 있습니다. 혹은, 제품 개발 과정에서 겪었던 가장 큰 실패담을 공유하며 인간적인 유대감을 형성할 수도 있습니다. 이러한 '독점적 경험'은 팬들에게 강력한 소속감과 자부심을 심어주어, 그들을 절대 떠나지 않는 충성 고객으로 만듭니다.

◆ 후킹(Hooking): 3초 안에 문제 제기와 공감을 끝내라

후킹 단계의 목표는 단 하나, 시청자가 스크롤을 멈추고 "어? 내 얘긴데?"라고 느끼게 만드는 것입니다.

- **문제 제기(너 이런 문제 있지 않아?)**

  제품에 대한 직접적인 소개보다, 타깃 고객이 겪고 있을 법한 문제를 먼저 제시하며 시작합니다.

  > **예시** "맨날 야근하고 피곤한데, 아침마다 퉁퉁 붓는 얼굴 때문에 스트레스받지 않으세요?"

- **공감 형성(나도 그랬어)**

  같은 문제를 겪었음을 솔직하게 고백하며, 화자와 시청자 사이의 심리적 거리감을 좁힙니다.

  > **예시** "제가 진짜 웬만한 붓기차는 다 마셔봤는데, 솔직히 효과도 잘 모르겠고 맛도 없어서 꾸준히 먹기가 너무 힘들더라고요."

- **해결책 암시(이거 써보니까 좋더라)**

  이 모든 문제를 해결해 준 해결책을 '발견'했음을 암시하며, 이어질 내용에 대한 기대감을 증폭시킵니다.

  > **예시** "근데 이건 진짜 다릅니다. 제가 정착한 인생 첫 붓기차, 딱 1분만 집중해주세요."

◆ **딥다이브(Deep Dive): 신뢰를 쌓고 구매를 유도하라**

후킹을 통해 시청자의 시선을 사로잡았다면, 이제 깊이 있는 내용으로 신뢰를 구축하고 구매를 유도해야 합니다.

• **사회적 증거 제시(우리랑 비슷한 사람이 많아)**

이 문제가 나만의 문제가 아니며, 수많은 사람들이 이미 이 해결책을 통해 만족하고 있음을 보여줍니다. 유명인의 추천이나, "실제 고객 후기 1,300개가 증명합니다"와 같은 객관적인 증거를 제시하면 신뢰도가 극대화됩니다.

• **사용 가치 제안(너도 이렇게 사용해봐)**

단순히 제품을 쓰는 것을 넘어, 이 제품을 통해 얻을 수 있는 '가치'와 '달라진 삶'을 구체적으로 보여줍니다. "아침에 5분만 투자하면, 하루 종일 달라진 컨디션을 경험하게 되실 거예요"와 같이, 고객의 인터뷰나 사용 장면을 활용하는 것이 효과적입니다.

• **진정성 어필(왜 이렇게까지 만들었을까?)**

제품을 왜 이렇게까지 정성을 다해 만들었는지, 혹은 왜 수많은 제품 중에 이것을 선택하여 추천하는지에 대한 '진정성 있는 스토리'나 '철학'을 전달합니다. 이는 시청자가 브랜드나 크리에이터의 '팬'이 되게 만드는 결정적인 과정입니다.

- **긴급성 부여(지금 사는 게 제일 이득이야)**

  마지막으로, 지금 당장 행동해야만 하는 이유를 제시하며 구매를 촉구합니다. "방송 중에만 1+1 특별 할인", "오늘 밤 12시까지만 적용되는 비밀 할인 코드"와 같이, 지금 구매하는 것이 가장 큰 이득이라는 점을 명확하게 알려주어 망설임을 없애줍니다.

이처럼 체계적인 스토리텔링의 뼈대를 따라 콘텐츠를 제작한다면, 시청자들은 광고라는 거부감 없이 자연스럽게 당신의 이야기에 빠져들고, 기꺼이 구매 버튼을 누르게 될 것입니다.

3. 마지막 한 걸음: 구매를 부르는 주문, CTA(Call to Action)

팔리는 계정이 따로 있듯이, 팔리는 콘텐츠도 따로 있습니다. 우리는 콘텐츠를 기획할 때 트래픽을 위한 콘텐츠와 전환을 위한 콘텐츠를 구분해야 합니다. 트래픽용 콘텐츠로 시청자의 관심을 끄는 데 성공했다면, 이제 그들을 구매 등 구체적인 행동으로 전환시키기 위한 세밀한 설계가 필요합니다. 그 마지막 핵심 장치가 바로 CTA(Call to Action) 입니다.

CTA란, 시청자가 콘텐츠를 소비한 후 다음 행동을 스스로 찾지 않도록 명확히 안내하는 텍스트, 버튼, 링크 등 모든 시청각적 요소를 의미합니다. 효과적인 CTA를 설계하기 위해서는 다음 세 가지 원칙을 기억해야 합니다.

◆ 명확한 '행동 방향성' 제시

"더보기 링크를 확인하세요!", "프로필 하단에서 신청하세요!", "댓글에 '이벤트 참여'라고 남겨주세요!" 와 같이, 시청자가 다음에 무엇을 해야 할지 명확하고 간결하게 안내해야 합니다. 이를 통해 고객의 구매 여정(인지 → 관심 → 고려 → 구매)을 단계별로 관리할 수 있습니다.

◆ 강력한 '심리적 트리거' 활용

단순한 행동 요청을 넘어, 시청자가 지금 당장 행동해야만 하는 이유를 만들어야 합니다.

- **긴급성:** "오늘 밤 12시까지만 50% 할인!"
- **호기심:** "선착순 100명에게만 공개되는 비밀 할인 코드를 확인하세요!"
- **사회적 증거:** "이미 10,000명이 선택한 바로 그 제품!"

◆ 끊임없는 '성과 측정' 및 개선

어떤 문구, 어떤 버튼 색상, 어떤 타이밍의 CTA가 가장 높은 클릭률과 전환율을 보이는지 데이터를 통해 반드시 확인해야 합니다. A/B 테스트 등을 통해 가장 효과적인 CTA를 찾아내고, 지속적으로 개선하는 과정은 매출을 극대화하는 데 필수적입니다.

잘 짜인 스토리텔링의 마지막에, 이처럼 강력하고 명확한 CTA가 더해질 때, 시청자는 기꺼이 당신의 고객이 될 것입니다.

신뢰를 쌓는 단계별 CTA 설계법

실전 TIP

시청자가 영상을 한번 봤다고 해서 바로 구매 버튼을 누를 것이라고 기대해서는 안 됩니다. 특히 전문 지식이나 고가의 상품일수록 더욱 그렇습니다. 진짜 구매 전환은, 고객이 최소 세 번 이상의 '아하!' 모멘트, 즉 '이 정보는 진짜 유용하다' 또는 '이 사람은 정말 믿을 만하다'고 느끼는 순간을 경험했을 때 일어납니다. 따라서 우리는 최종 구매까지의 과정을 여러 단계로 나누어, 고객의 신뢰를 차곡차곡 쌓아가는 '단계별 CTA'를 설계해야 합니다.

예를 들어, '부동산 투자'에 대한 숏폼 콘텐츠를 만들었다고 가정해봅시다.

1: CTA 1단계(가벼운 정보 제공)

영상 마지막에 "오늘 내용이 유용하셨다면, 제가 정리해 둔 '2025년 부동산 시장 핵심 전망' 무료 리포트를 프로필 링크에서 받아보세요"라고 안내함으로써, 구매가 아닌, 유용한 정보로 첫 번째 신뢰를 얻습니다.

2: CTA 2단계(깊이 있는 정보 제공)

무료 리포트를 읽은 사람들에게, 더 상세한 분석을 담은 블로그의 긴 글이나 웨비나(온라인 세미나) 영상을 보도록 유도해 두 번째 신뢰를 쌓습니다.

3: CTA 3단계(최종 구매 유도)

나의 전문성에 대해 충분한 신뢰를 갖게 된 사람들에게, 비로소 "1:1 맞춤 컨설팅을 신청하세요" 또는 "얼리버드 특가로 유료 강의를 수강하세요"와 같이 최종적인 구매 CTA를 제시합니다.

이처럼 고객의 신뢰를 얻는 과정을 세밀하게 설계하고, 각 단계에 맞는 CTA를 제시할 때, 시청자는 광고라는 거부감 없이 자연스럽게 당신의 '찐팬'이자 '고객'이 될 것입니다.

07
브랜드의 접근법

새로운 전쟁의 규칙을 이해하라

브랜드는 이제 완전히 새로운 숏폼 전쟁터에 서 있습니다. 과거에는 비슷한 제품을 만드는 동종업계의 '경쟁 브랜드'가 유일한 적수였습니다. 하지만 이제 우리는 그들을 넘어, 훨씬 더 예측 불가능하고 강력한 새로운 경쟁자들과 마주해야 합니다. 바로 우리 카테고리에서 활동하는 수십만, 수백만 명의 '크리에이터'들입니다.

'전 국민 크리에이터 시대'가 도래하고, 그들이 직접 판매까지 하는 '셀슈머'로 진화하면서, 이제 기업과 크리에이터는 소비자의 한정된 시간과 지갑을 두고 싸우는 '무한 경쟁의 시대'에 돌입했습니다. 시청자의 스크롤 화면에서, 대기업의 잘 만든 광고 영상과 한 명의 크리에이터가 만든 진솔한 리뷰 영상은 동등한 조건에서 경쟁합니다.

따라서 이제 브랜드의 생존 전략은, 기존의 경쟁 브랜드와 새롭게 등장한 크리에이터라는 두 종류의 경쟁자를 모두 아우르는, 훨씬 더 입체적인 관점에서 수립되어야 합니다. 지금부터 이 복잡해진 전쟁터에서 브랜드가 승리하기 위한 구체적인 3단계 전략을 살펴보겠습니다.

브랜드가 숏폼 시장을 공략하는 방법은 크게 세 가지로 나뉩니다. 입니다.

① 숏폼 계정을 직접 운영하는 것, ② 숏폼 크리에이터와 협력하는 것, 그리고 ③ 숏폼 플랫폼에 광고비를 쓰는 것입니다. 각각의 접근 방식은 브랜드의 장단기적 목표에 따라 다르게 설계될 수 있습니다. 하지만 이 책을 통해 제가 내린 결론부터 말씀드리자면, 성공적인 브랜드는 이 중 하나만 선택하는 것이 아니라 자체 계정 운영으로 우리만의 중심을 잡는 동시에, 크리에이터와의 협력을 통해 영향력을 확장하는 '투트랙(Two-track)' 전략을 반드시 병행해야 합니다. 지금부터 이 투트랙 전략을 성공으로 이끌기 위한 구체적인 방법론을 단계별로 살펴보겠습니다.

1. 핵심 기반 다지기: 우리 채널을 'IP'로 키워라

브랜드가 숏폼 생태계에 성공적으로 진입하기 위한 첫 번째 전략은, 우리 브랜드만의 '자체 계정'을 제대로 운영하는 것입니다. 많은 기업들이 숏폼을 단기적인 '마케팅 비용'으로 접근하지만, 저는 이 관점을 완전히 바꾸어야 한다고 말합니다. 숏폼 계정은 장기적인 관점에서 우리만의 독창적인 'IP(지적 재산권)'에 투자하는 개념으로 접근해야 합니다. 잘 키운 계정 IP 하나는, 일회성으로 사라지는 광고 캠페인 수십 개보다 훨씬 더 강력하고 지속가능한 자산이 되기 때문입니다. 그렇다면 어떻게 브랜드 채널을 하나의 강력한 IP로 만들 수 있을까요? 가장 효과적인 두 가지 방법을 소개합니다.

◆ 매력적인 '부캐(부캐릭터)'를 만들어라

브랜드의 공식 로고 뒤에 숨는 대신, 시청자와 직접 소통할 수 있는 매력적인 '부캐'를 만드는 전략입니다. 이 부캐는 대표님이 직접 나서서 진정성을 보여줄 수도 있고, 직원들이 함께 등장하여 브랜드의 다양한 스토리를 보여줄 수도 있으며, 혹은 가상의 캐릭터를 설정해 전문 연기자를 통해 이야기를 풀어갈 수도 있습니다.

Case Study | 피자먹다 '숙희언니'

'피자먹다' 브랜드의 아르바이트생 콘셉트로 만든 '숙희언니'는 부캐 IP의 대표적인 성공 사례입니다. 숙희언니는 매장에서 벌어지는 다양한 에피소드를 재미있는 스토리로 전달했고, 시청자들은 '피자먹다'라는 브랜드를 소비하는 것이 아니라 '숙희언니'라는 인간적인 캐릭터의 매력에 빠져들며 팬덤을 구축했습니다. 그 결과, 이 계정은 작은 이벤트를 열면 수천 명이 댓글을 다는 채널로 성장했는데, 재미있는 점은 피자 브랜드를 홍보하는 이 계정에 다른 브랜드의 광고 문의가 들어오기 시작했다는 것입니다.

이처럼 캐릭터 IP를 통한 접근은, 브랜드 로고를 걸고 시작하는 것에 비해 시청자들의 광고에 대한 거부감을 크게 낮출 수 있습니다. 또한, 생성된 IP를 활용해 굿즈를 만들거나 다른 크리에이터와 협업하는 등 비즈니스를 무한히 확장할 수 있는 가능성을 열어줍니다.

◆ 우리 직원을 '임플로이언서'로 키워라

'임플로이언서(Employee + Influencer)'는 내부 직원이 직접 숏폼 콘텐츠를 제작하여 브랜드를 홍보하는 방식입니다. 이 전략은 유저와의 신뢰를 강화하고, 비용 효율적인 마케팅을 가능하게 하며, 브랜드의 진정성을 전달하는 데 효과적입니다.

임플로이언서를 통한 마케팅은 직원들이 직접 숏폼을 제작해 브랜드의 제품이나 서비스, 기업문화를 소개합니다. 제품 기획 및 개발 과정에서의 에피소드를 공유하며, 제품에 대한 깊은 이해도를 바탕으로 전문적이고 차별화된 정보를 전달할 수 있습니다. 또한, 내부에서 아이디어부터 제작까지 빠르게 실행하는 것이 가능하므로 최신 트렌드에 민첩하게 대응할 수 있습니다.

성공적인 임플로이언서 마케팅을 위해서는, 직원들에게 브랜드 메시지와 톤앤매너에 대한 명확한 가이드라인을 제공해 일관성을 유지해야 합니다. 동시에, 직원들이 개성과 창의성을 발휘할 수 있도록 자유도를 부여하면 더 자연스럽고 진정성 있는 콘텐츠가 만들어질 수 있습니다.

==하지만 임플로이언서 전략이 성공하기 위한 가장 중요한 전제조건은, 바로 '브랜드 로고를 과감히 내려놓는 용기'입니다.== 많은 기업들이 임플로

이언서 계정의 프로필 사진에 자사의 로고를 넣는 실수를 저지릅니다. 하지만 시청자들은 브랜드 로고를 보는 순간, 그 내용이 아무리 유용하고 진솔하더라도 '광고'로 인식하고 방어적인 태세를 취하게 됩니다.

기억해야 합니다. 시청자들은 ==‘OO기업'이 하는 말보다, ‘OO기업 다니는 김대리'의 이야기에 훨씬 더 귀를 기울입니다.== 따라서 임플로이언서 계정은 철저히 한 명의 '인간적인 크리에이터'로서 포지셔닝해야 합니다. 프로필 사진은 직원의 얼굴로, 채널명은 직원의 개성이 담긴 이름으로 설정하여, 브랜드의 흔적을 최소화할 때 비로소 시청자들은 마음의 벽을 허물고 그들의 이야기에 빠져들게 될 것입니다.

◆ IP 계정 운영의 핵심: '오가닉 반응'을 이끌어내는 기술

그렇다면 이렇게 만든 '부캐'나 '임플로이언서' 계정은 어떻게 운영해야 할까요? 핵심은 유료 광고에 의존하지 않고, '오가닉 콘텐츠(Organic Contents)'를 통해 사용자의 자발적인 참여를 이끌어내는 데 있습니다. 오가닉 콘텐츠는 소비자와 브랜드 간의 신뢰를 구축하며, 이는 장기적인 충성도와 구매 전환으로 이어집니다. 오가닉 반응을 이끄는 구체적인 방법은 다음과 같습니다.

- **스토리텔링 기법 활용:** 인간은 논리적 정보보다 감정적으로 공감할 수 있는 이야기에 더 강하게 반응합니다. 짧은 시간 안에 감동, 유머, 영감을 주는 스토리를 담아 공감을 이끌어내고, 단순한 정보 제공을 넘어 기억에 남는 경험을 제공해야 합니다.

- **사용자 '참여'를 적극 설계:** 질문, 투표, 챌린지 등 인터랙티브 요소를 포함하여 시청자가 항상 참여할 수 있도록 유도해야 합니다. 이때, "여러분은 어떻게 생각하세요?"와 같이 참여하기 쉬운 질문을 던지고, 경품이나 퀴즈 등을 활용해 참여에 대한 동기를 부여하는 것이 중요합니다.

- **'커뮤니티' 관점으로 접근:** 고객의 피드백이나 사용 후기를 기반으로 콘텐츠를 제작하여 신뢰를 구축하고, 모든 댓글에 적극적으로 소통하며 팬덤을 형성해야 합니다. 특히 부정적인 댓글을 피하기보다, 이를 개선의 기회로 여기고 진솔하게 소통하는 브랜드는 소비자에게 더 높은 신뢰를 얻을 수 있습니다.

- **'트렌드'와 '브랜드'의 균형 유지:** 트렌드를 따르는 것은 대중의 반응을 얻는 데 효과적이지만, 모든 트렌드를 무분별하게 따라가는 것은 브랜드의 정체성을 약화시킬 수 있습니다. 우리 브랜드의 아이덴티티와 일치하는 트렌드를 선택적으로 활용하고, 지나치게 상업적이거나 억지스러운 콘텐츠는 피하는 자연스러운 접근이 필요합니다.

◆ **브랜딩과 판매, 두 마리 토끼를 잡는 '계정 이원화' 전략**

숏폼 생태계가 브랜딩을 넘어 본격적인 커머스의 시대로 진화하면서, 많은 브랜드들이 '기존의 브랜딩 계정으로 판매까지 해야 할까?'라는 새로운 딜레마에 빠지게 됩니다. 결론부터 말씀드리자면, 성공적인 브랜드는 이 두 가지 목표를 하나의 계정에서 해결하려 하기보다, 각각의 역할에 맞는 계정을 분리하여 운영하는 '계정 이원화 전략'이 필요한 시점입니다.

브랜딩 계정은 브랜드의 정체성과 가치를 전달하며 소비자와의 장기적인 관계를 구축하는 데 초점을 맞춥니다. 반면, 판매 계정은 신규 고객 확보와 전환율 증가 등 즉각적인 매출 증대를 목표로 합니다. 만약 하나의 계정에서 이 두 가지 상충하는 목표를 모두 달성하려고 하면, 시청자들에게 혼란을 줄 수 있습니다. 브랜딩 콘텐츠에 익숙해진 팔로워들은 갑작스러운 판매 콘텐츠에 거부감을 느낄 수 있고, 판매를 기대하고 찾아온 새로운 방문객들은 브랜드의 철학 이야기에는 관심이 없을 수 있기 때문입니다. 특히 최근 틱톡샵, 유튜브 쇼핑, 인스타그램 샵 등 플랫폼별 커머스 기능이 본격적으로 강화되면서, 이제는 판매에 최적화된 '커머스 전용 계정'을 새롭게 구축하고 공략하는 것이 매우 중요한 전략이 되었습니다.

> **실전 TIP**
>
> ### 판매용 계정은 '고객의 목소리'를 적극적으로 활용해야
>
> 단순히 브랜드의 장점만 이야기하는 것은 일방적인 광고처럼 느껴질 수 있습니다. 하지만 실제 고객들의 긍정적인 사용 후기(리뷰)나 Before & After 사진을 콘텐츠로 재가공하여 보여주는 것은, 그 어떤 마케팅 문구보다 강력한 '사회적 증거(Social Proof)'가 되어 제품에 대한 신뢰도를 극대화하고 구매 전환율을 높이는 효과적인 방법이 됩니다.

따라서 브랜드는 기존 브랜딩 계정의 운영 방향을 조정하거나, 혹은 이와는 완전히 차별화된 '판매용 부캐 계정'을 만드는 도전을 적극적으로 고려해야 합니다. 이때, 판매용 계정에서는 소비자들이 과도한 구매 압박을 느끼지 않도록, 할인 프로모션이나 독점 혜택 등을 통해 '지금 구매하는 것이 곧 혜택'이라고 느끼게 만드는 영리한 설계가 필요합니다.

2. 성장 가속화: 크리에이터를 '아군'으로 만들어라

탄탄한 자체 계정을 운영하며 우리만의 목소리를 찾았다면, 이제 외부의 크리에이터와 협력하여 성장에 가속도를 붙일 차례입니다. 이때 브랜드는 중요한 선택의 기로에 놓입니다. 1명의 KOL(메가 크리에이터)에게 모든 것을 걸 것인가, 아니면 100명의 KOC(마이크로 크리에이터)로 진정성 있는 대세감을 만들 것인가? 두 개념은 크리에이터의 영향력과 소비자와의 관계에 따라 구분되며, 각각의 방식에 맞는 실행 전략과 주의사항이 있습니다.

◆ KOL(Key Opinion Leader): 단기간에 인지도를 폭발시키는 '확성기'

KOL은 특정 분야에서 전문성을 갖춘, 수십만 이상의 팔로워를 보유한 메가 크리에이터를 말합니다. 이들은 브랜드의 메시지를 단기간에 가장 넓은 범위로 확산시키는 강력한 '확성기' 역할을 합니다. KOL 전략이 높은 비용에도 불구하고 여전히 매력적인 이유는 다음과 같습니다.

- **압도적인 도달률과 파급력:** 신제품 출시나 대규모 캠페인처럼, 단기간에 시장의 모든 이목을 집중시켜야 할 때 KOL만큼 효과적인 수단은 없습니다. 잘 기획된 KOL 콘텐츠 하나는 하룻밤 사이에 브랜드 인지도를 수직 상승시킬 수 있습니다.

- **권위와 신뢰도의 이전:** 특정 분야에서 오랫동안 전문성을 쌓아온 KOL의 추천은, 그 자체로 강력한 '품질 보증서' 역할을 합니다. KOL이 가진 권위와 신뢰도가 자연스럽게 브랜드와 제품으로 이전되어, 소비자들이 구매를 결정하는 데 큰 영향을 미칩니다.

- **고품질의 브랜디드 콘텐츠 확보:** KOL은 콘텐츠 제작의 전문가입니다. 그들과의 협업을 통해, 브랜드가 자체적으로 만들기 어려운 고품질의 창의적인 콘텐츠를 확보하고, 이를 다양한 마케팅 채널에 2차적으로 활용할 수 있습니다.

실전 TIP

빅데이터 플랫폼 이용하기

브랜드 입장에서는 '녹스인플루언서'나 '피처링' 같은 빅데이터 플랫폼을 통해 크리에이터의 실제 평균 조회수, 참여율 등을 기반으로 한 예상 광고 단가를 객관적으로 평가해야 합니다. 많은 크리에이터들이 실패한 콘텐츠를 숨기거나 보관 처리한다는 점을 감안하여, 반드시 '현재의 영향력'을 체크하는 것이 매우 중요합니다.

하지만 KOL과의 협업은 비용이 매우 높고, 몇 가지 중요한 함정이 존재합니다. ==특히 숏폼 시대에 들어서며, 과거처럼 '팔로워 수'가 곧 영향력이라는 공식은 깨지고 있습니다. 팔로워가 많아도 실제 콘텐츠의 반응(조회수, 참여도)이 저조한 경우가 많기 때문입니다.== 따라서 팔로워 수만 보고 협업 비용을 산정하면 큰 낭패를 볼 수 있습니다.

◆ KOC(Key Opinion Consumer): 진정성으로 구매를 이끄는 '소문'

KOC는 'Key Opinion Consumer'의 약자로, 메가 인플루언서에 비해 소규모 팔로워(국내 기준 보통 1천~1만 명)를 가졌지만, 특정 분야에 대한 깊은 애정과 진솔한 소통으로 '찐팬'을 보유한 '소비자형 크리에이터'를 말합니다.

숏폼 커머스 시장이 점차 성숙기로 접어들면서, 최근에는 KOC를 활용하는 전략이 새롭게 주목받고 있습니다. 이는 초기의 폭발적인 인지도 경쟁을 지나, 이제는 소비자들이 더 깊이 있고 진솔한 '진짜 후기'를 찾아 나서기 시작했음을 의미합니다. 바로 이 지점에서, 소수의 '찐팬'과 깊은 신뢰를 쌓아온 KOC의 진정성이 가장 강력한 무기가 됩니다.

브랜드가 '1명의 KOL이냐, 100명의 KOC냐'를 고민할 때, KOC 전략은 '가능성을 높이는 게임'이 됩니다. 100명의 KOC가 각자의 채널에서 진심을 담아 하나의 제품을 동시에 이야기한다고 상상해 보십시오. 시청자 입장에서는 거대한 광고 캠페인보다, 마치 주변의 수많은 친구들이 "이거 진짜 좋더라"라고 말하는 것처럼 느껴집니다. 이렇게 형성된 자연스러운 '대세감'은 인지도를 넘어 실제 매출로 이어질 확률이 매우 높습니다.

Case Study

농심 '먹플루언서': KOC 육성을 통한 성공 전략

농심이 운영하는 '먹플루언서' 프로그램은 기업이 직접 소비자 전문가(KOC: Key Opinion Consumer)를 육성하여 바이럴과 판매를 성공시킨 대표적인 숏폼 커머스 사례입니다. 이는 단순히 일회성 광고 캠페인을 넘어, 브랜드에 대한 깊은 이해와 애정을 가진 충성도 높은 크리에이터 군단을 양성했다는 점에서 주목할 만합니다. 농심은 연간 150여 명의 잠재력 있는 푸드 크리에이터를 선발하여, 제품에 대한 심도 있는 교육은 물론, 숏폼 콘텐츠 제작 노하우, 채널 운영 전략 등 전문적인 수준의 교육을 제공했습니다. 이러한 체계적인 지원을 통해 참여자들은 단순 소비자를 넘어, 농심의 신제품과 기존 제품을 자신만의 독창적인 레시피와 스토리텔링, 먹방으로 풀어내는 '먹플루언서'로 성장할 수 있었습니다.

이들이 생산해낸 숏폼 콘텐츠는 유튜브 쇼츠, 인스타그램 릴스, 틱톡 등 다양한 플랫폼으로 확산되며 폭발적인 바이럴을 일으켰습니다. 특히, 소비자의 눈높이에서 제작된 진정성 있는 콘텐츠는 잠재 고객들의 공감과 신뢰를 얻으며 자연스러운 구매 유도로 이어졌습니다. 농심은 이를 통해 누적 조회수 1억 뷰 이상이라는 경이로운 기록을 달성하며, 신제품 인지도 상승 및 브랜드 이미지 제고, 판매까지 세 마리 토끼를 모두 잡았습니다.

농심 먹플루언서 사례는 기업이 크리에이터와의 관계를 어떻게 형성하고, 그들을 어떻게 브랜드의 가장 강력한 마케팅 자산으로 활용할 수 있는지 보여주는 성공적인 청사진을 제시합니다. 이는 숏폼 커머스 시장에서 진정성 있는 콘텐츠와 신뢰도 높은 KOC의 영향력이 얼마나 중요한지를 명확히 보여주는 핵심적인 케이스 스터디라 할 수 있습니다.

◆ '공중전'과 '지상전'을 결합하라

그렇다면 브랜드는 KOL과 KOC 중 무엇을 선택해야 할까요? 현명한 브랜드는 둘 중 하나를 선택하는 것이 아니라, 이 둘을 조화롭게 활용하여 마케팅 효과를 극대화합니다. 이는 마치 전쟁에서 '공중전'과 '지상전'을 함께 구사하는 것과 같습니다.

- **KOL의 역할(공중전)**: 소수의 KOL은 하늘에서 폭넓게 영향력을 뿌리는 '폭격기'와 같습니다. 이들은 단기간에 대중의 인지도를 끌어올리고, 캠페인에 대한 거대한 화두를 던지는 역할을 합니다.
- **KOC의 역할(지상전)**: 다수의 KOC는 각자의 영역에서 신뢰를 바탕으로 한 '지상군' 역할을 합니다. KOL이 만들어낸 거대한 관심사를, 이들은 "제가 직접 써보니 진짜 좋아요"와 같은 진솔한 후기로 전환시키며, 실제 구매가 일어나는 최종 승리 지점을 점령해 나갑니다.

실제로 많은 성공적인 캠페인들은 영향력 있는 KOL이 먼저 트렌드의 '씨앗'을 심으면(Seeding), 다수의 KOC들이 그 씨앗을 각자의 커뮤니티에서 싹 틔우고 전파하는 'KOL-KOC 연계 전략'을 사용합니다. 이처럼 각자의 역할을 명확히 이해하고, 두 그룹을 유기적으로 활용할 때, 브랜드는 최소한의 비용으로 최대한의 성과를 내는 '성과 증폭'의 효과를 경험할 수 있을 것입니다.

◆ 성공적인 제휴를 위한 5단계 실행 가이드

크리에이터와의 협업은 단순히 제품을 보내고 영상을 의뢰하는 과정이 아닙니다. 성공적인 캠페인은 철저한 사전 분석과 명확한 목표 설정, 그리고 체계적인 실행 과정 속에서 탄생합니다. 지금부터 브랜드와 크리에이터 모두가 '윈-윈'하는 제휴 캠페인 5단계 실행 가이드를 함께 알아보도록 하겠습니다.

• 현황 파악: 모든 전략의 시작, '나'를 아는 것

제휴 전략을 세우기 전, 가장 먼저 우리 브랜드의 현재 위치를 객관적으로 파악해야 합니다. 월간 키워드 검색량, 고객 리뷰 등을 통해 '고객들은 우리 브랜드를 현재 어느 지점에서 만나고 있는가?'를 분석해야 합니다. 고객의 구매 여정을 [인지 → 도달 → 유입 → 전환 → 충성]의 단계로 나누어, 우리 브랜드가 어떤 단계에 강점이 있고 어떤 단계에 보완이 필요한지 명확히 진단해야 합니다. 또한, 경쟁사들은 어떤 크리에이터와 어떤 방식으로 협업하고 있는지 분석하여, 우리만의 차별화된 USP(특장점)를 찾아내야 합니다.

• 목표 설정: '어디로' 갈 것인가?

현황 분석이 끝났다면, 이번 캠페인의 목표를 구체적으로 설정해야 합니다. 목표는 단순히 '인지도 상승'과 같은 추상적인 것이 아니라, 수치화하여 측정 가능한 'KPI(핵심 성과 지표)' 형태로 세워야 합니다.

- **브랜딩 목표(인지, 도달 단계)**: 아직 인지도가 부족한 신생 브랜드라면, '총 도달, 조회수', '참여율(ER)', '브랜드 검색량 변화' 등을 KPI로 설정하고, 브랜딩에 강점이 있는 크리에이터와 협업해야 합니다.

- **퍼포먼스 목표(유입·전환 단계)**: 이미 인지도가 충분하다면, '전환 매출', '전환율(CVR)', '광고 대비 수익률(ROAS)', '웹사이트 유입 수' 등을 KPI로 설정하고, 판매에 강점이 있는 퍼포먼스 기반 크리에이터와 협업해야 합니다.

- **예산 책정: '얼마나' 쓸 것인가?**

목표를 설정했다면, 캠페인에 투입할 예산을 현실적으로 책정해야 합니다. 예산에는 단순히 크리에이터에게 지급하는 콘텐츠 제작 비용뿐 아니라, 콘텐츠 배포 및 2차 활용을 위한 플랫폼 광고 비용, 라이선스 비용 등 다양한 항목을 세부적으로 고려해야 합니다. 크리에이터의 규모나 협업 방식에 따라 단가가 달라질 수 있으므로, 사전에 충분히 협의하고 조율하는 과정이 필수적입니다.

- **실행: '누구와, 어떻게' 할 것인가?**

이제 본격적인 실행 단계입니다. 먼저, 설정된 목표와 KPI에 가장 적합한 플랫폼과 크리에이터를 데이터에 기반하여 선정해야 합니다. 이후에는 캠페인의 목표, 메시지, 콘텐츠 가이드라인, 일정, 보상 등을 명확히 명시한 계약서를 작성합니다.

이때, 숏폼 생태계에서 협업의 성과를 좌우하는 것은 ==제품의 어떤 USP를 크리에이터가 '숏포머블'하게, 즉 숏폼에 어울리는 방식으로 풀어내는가== 에 달려있습니다. 따라서 브랜드 담당자는 크리에이터의 창의성을 존중하면서도, 우리 제품의 핵심 메시지가 일관성 있게 전달될 수 있도록 캠페인 전 과정에 걸쳐 긴밀하게 소통하고 피드백을 주고받아야 합니다.

• 관계 관리와 개선: '상생'으로 나아가기

캠페인이 종료된 후에는, 설정했던 KPI에 따라 성과를 정량적으로 측정하고 잘된 점과 개선점을 정리하여 다음 캠페인에 반드시 반영해야 합니다. 그리고 가장 중요한 것은, 크리에이터와의 관계를 단발성으로 끝내지 않고 신뢰를 바탕으로 장기적인 파트너십을 구축하는 것입니다. 이번 협업에서 좋은 성과를 낸 크리에이터는 우리 브랜드의 가장 강력한 자산입니다. 그들과의 지속적인 상생 관계를 구축하는 것이야말로, 치열한 숏폼 전쟁에서 브랜드와 크리에이터가 함께 성장하는 최고의 전략입니다.

목표	인지	도달	리포지셔닝	유입	전환
퍼널 특징	브랜드나 제품에 대한 인지, 도달이 부족한 경우 고객들에게 우리 브랜드를 먼저 알리기 위해 진행		검색량 기준, 일부 인지도가 있지만 새롭게 포지셔닝이 필요한 경우	사이트 유입 및 프로모션에 대한 홍보	직접 구매 전환 연결
추천 인플루언서 마케팅 전략	브랜딩 기반의 인플루언서 마케팅			퍼포먼스 기반의 인플루언서 마케팅	
KPI 예시	• 총 도달, 조회수 • 인게이지먼트 • ER(Engagement rate: 전체 구독자 대비 인게이지먼트) • 브랜드 검색량 변화 • 브랜드 공식 계정 팔로워 증가율			• 전환매출액 • 전환 수 • AOV (Average of Value, 평균 주문 단가) • ROAS (Return on Ad Spend, 광고비 대비 매출 수익) • CTR, 랜딩페이지 조회수 • 웹사이트 유입수 • 회원가입수 • 앱다운로드 수	

3. 확산 증폭: 유료 광고로 '불'을 붙여라

훌륭한 자체 계정 운영과 성공적인 크리에이터 협업을 통해 우리 콘텐츠의 성공 가능성을 확인했다면, 이제 유료 광고를 통해 그 성공을 '증폭'시킬 시간입니다.

◆ **광고의 본질: '짚단'에 불을 붙이는 기술**

숏폼에서의 광고는 마른 '짚단'에 불을 붙이는 것과 같습니다. 만약 시청자들의 자연스러운 반응(오가닉 인터랙션)을 이미 이끌어낸, 바싹 마른 '짚단' 같은 콘텐츠가 준비되어 있다면, 적은 광고비라는 '작은 불씨'만으로도 훨훨 타오르는 불길처럼 콘텐츠를 확산시킬 수 있습니다.

하지만 콘텐츠 자체가 재미도, 정보도, 공감도 없는 '젖은 짚단'이라면 어떨까요? 아무리 많은 광고비를 쏟아부어도 불은 쉽게 붙지 않을 것입니다. 숏폼 광고의 효율은 이처럼 광고를 집행할 콘텐츠의 '오가닉 파워'에 따라 극명하게 달라집니다. 그래서 우리는 숏폼 광고의 소재를 선택할 때도, 숏폼의 문법을 철저히 이해하고 기획해야 합니다.

◆ **광고 상품의 종류: 어떤 무기를 사용할 것인가?**

숏폼 플랫폼에서 광고 상품을 활용하는 방법은 플랫폼의 특성과 소비자 행동에 맞춘 전략적 접근이 필요합니다. 틱톡을 시작으로, 대부분의 플랫폼은 유사한 형태의 광고 상품들을 제공하고 있습니다.

- **인피드(In-Feed) 광고:** 사용자가 콘텐츠를 스크롤하며 볼 때, 일반 콘텐츠 사이에 자연스럽게 노출되는 가장 대표적인 광고 형식입니다.

- **브랜드 챌린지:** 특정 해시태그를 중심으로 사용자의 참여를 유도하는 대규모 캠페인형 광고 상품입니다.
- **AR 필터 및 스티커:** 브랜드가 제작한 증강현실(AR) 필터나 스티커를 사용자들이 자신의 콘텐츠에 활용하게 하여, 자연스러운 바이럴을 유도하는 광고입니다.
- **CTA 연동 광고:** '구매하기', '신청하기' 등의 버튼을 통해 외부 링크로 직접 연결하여, 즉각적인 전환을 만들어내는 데 특화된 광고입니다.

◆ 광고 집행의 핵심: 'AI'를 내 편으로 만드는 법

숏폼 광고를 집행할 때는, 한꺼번에 많은 예산을 특정 타깃에게 쏟아붓는 것보다, 적은 예산으로 조금씩 효과를 테스트하며 조정해 나가는 것이 훨씬 효율적입니다. 특히 최근에는 플랫폼의 광고 시스템 AI가 매우 발달하여, 캠페인의 목표(예: 트래픽, 전환 등)를 설정하면 AI가 스스로 학습하여 목표 달성에 가장 최적화된 잠재 고객을 찾아주는 기능을 제공하고 있습니다. 따라서 우리는 AI가 충분히 학습하고 최적의 타깃을 찾아낼 수 있도록, 약간의 시간과 예산을 가지고 테스트하는 인내가 필요합니다.

또한, 각 플랫폼은 공식 웹사이트를 통해 성공적인 광고 캠페인 사례들을 소개하고 있습니다. 광고를 집행하기 전, 우리와 유사한 카테고리의 경쟁사들이 어떤 형식의 광고로 성과를 냈는지 참고한다면, 실패 확률을 크게 줄일 수 있을 것입니다.

4. 최종 승부수: 라이브 커머스로 전환을 완성하라

지금까지 우리는 브랜드의 자체 계정을 키우고, 크리에이터와 협업하며, 광고를 통해 확산하는 3단계 전략을 배웠습니다. 그렇다면 이 모든 노력으로 모은 트래픽과 팬덤을 가지고 브랜드는 무엇을 해야 할까요? 그 최종적인 답은 바로 '라이브 커머스'에 있습니다.

숏폼을 통해 최종적인 매출까지 일으키려고 한다면, 라이브 커머스는 더 이상 선택이 아닌 필수입니다. 모든 ==숏폼 플랫폼들은 이미 라이브 기능을 숏폼 콘텐츠와 유기적으로 연동하며 '넥스트 숏폼 커머스' 시대를 준비==하고 있습니다. 라이브 커머스는 실시간 상호작용을 통해 소비자와의 신뢰를 형성하고 구매 전환율을 극대화하며, 커뮤니티를 완성하는 가장 강력한 무기입니다.

◆ 압도적인 전환율과 신뢰 형성

라이브 커머스의 평균 구매 전환율은 9~30%로, 일반적인 이커머스의 전환율(2~3%)과 비교할 수 없을 정도로 높습니다. 한정된 시간 동안만 제공되는 할인이나 독점 상품은 시청자의 구매 긴급성을 자극하여 충동구매를 유도합니다. 또한, 시청자는 라이브 방송을 통해 제품을 눈으로 직접 확인하고, 궁금한 점을 실시간으로 질문하며 답변을 받을 수 있어 브랜드에 대한 깊은 신뢰를 구축할 수 있습니다.

◆ 숏폼 시대의 '2세대 라이브 커머스'

하지만 숏폼 시대의 라이브 커머스는 우리가 알던 기존의 방식과 다릅니다. 이 차이를 이해하는 것이 성공의 핵심입니다. 과거의 라이브 커머스가 전문적인 스튜디오에서 진행하는 '이벤트성 방송'에 가까웠다면, 숏폼 시대의 '2세대 라이브 커머스'는 오프라인 매장이나 일상 속에서, 특별한 스크립트 없이 24시간 언제든 팬들과 소통하는 '상시적·일상형 방송'입니다.

    숏폼의 노출 알고리즘 덕분에 광고비 없이도 잠재 고객을 끊임없이 라이브 방송으로 유입시킬 수 있으며, 날것 그대로의 진솔한 모습을 통해 시청자와 훨씬 더 끈끈한 관계를 형성할 수 있습니다. 아직 2세대 라이브 커머스 시장은 경쟁자가 많지 않습니다. 지금이야말로 선점의 효과를 누릴 수 있는 절호의 기회입니다.

시청자들은
'OO기업'이 하는 말보다,
**'OO기업 다니는
김대리'의**
이야기에 훨씬 더
귀를 기울입니다.

08
크리에이터의 접근법
[가치를 수익으로]

이 책을 읽는 많은 크리에이터분들은 대부분 비슷한 고민을 하고 있을 겁니다. '팔로워는 늘었는데, 왜 수익으로 이어지지 않을까?', '대체 무엇을, 어떻게 팔아야 할지 모르겠다.' 지금부터 이러한 고민에 대한 구체적인 해답을, 4단계 성장 로드맵을 통해 제시하겠습니다.

예상외로 이 질문은 초기 단계의 크리에이터뿐 아니라, 많게는 십만 명 이상의 팔로워를 가진 분들에게도 공통적으로 나타나는 문제입니다. 나만의 매력과 창의성으로 팔로워는 모았지만, 그들이 나의 제품과 서비스를 구매해 줄 고객이 아니기 때문에 발생하는 현상입니다. 이 모든 문제의 근원은 단 하나입니다. 당신이 아직 '콘텐츠 제작자'의 관점에 머물러 있기 때문입니다. 이제 그 관점에서 벗어나야 할 때입니다.

마인드셋 전환 단계: '콘텐츠 제작자'에서 '1인 기업가'로

가장 먼저, 스스로를 '콘텐츠 제작자'가 아닌 '1인 기업가'로 재정의해야 합니다. 크리에이터 이코노미 2.0 시대의 핵심은, 단순히 창의적인 영상을 만드는 것(Creative)을 넘어, 나의 영향력이 어떻게 비즈니스적 가치(ROI)로 이어지는지를 끊임없이 증명하는 것입니다.

=='1인 기업가'==에게 콘텐츠는 =='작품'이 아니라, 명확한 목표를 가진 '상품'이자 '마케팅 수단'==입니다. 따라서 첫 질문부터 달라져야 합니다. =='어떤 콘텐츠를 만들까?'가 아니라, '나는 어떤 비즈니스를 할 것인가?' 를 먼저 물어야== 합니다. 커머스를 목적으로 한다면, 채널을 시작하는 첫 순간부터 이 비즈니스적 관점이 모든 기획의 중심이 되어야 합니다. 어떤 팔로워를 모을 것인지, 그들에게 어떤 차별화된 가치를 제공하고, 최종적으로 무엇을 판매할 것인지에 대한 명확한 청사진 없이는, 당신의 모든 노력은 그저 '수익 없는 취미'로 남게 될 수 있습니다.

1. '1인 기업가'의 첫 번째 과업: 누구에게, 무엇을, 어떻게 다르게?

비즈니스를 시작하기로 마음먹었다면, 가장 먼저 할 일은 바로 '목표 시장'을 설정하는 것입니다. 누구를 대상으로 어떤 메시지를 전달할지 명확히 해야 콘텐츠의 주제, 톤, 형식 등을 결정할 수 있습니다. 그리고 그 시장에서, 우리는 경쟁자들과 비교하여 '더 나은 대체제'가 되어야 합니다. 나는 저 경쟁자보다 무엇이 '더 나은가?'를 끊임없이 질문하고 증명해야만, 까다로운 고객들은 기꺼이 나를 선택할 것입니다. 이 '더 나은' 가치를 만드는 차별화된 콘셉트를 기획하는 방법에 대해서는 앞선 '인사이트 4: 콘셉트가 전부다' 파트에서 상세히 다루었으니, 반드시 다시 한번 참고하시기 바랍니다. 수익화를 이루는 크리에이터가 되기 위해서는, 이처럼 타깃 시장을 정하고, 그 안에서 나만의 '더 나은' 가치를 제공하며 끊임없이 경쟁해야 한다는 사실을 잊지 않길 바랍니다.

수익 모델 설계 단계: '나만의 아이템'을 찾아라

"뭘 해야 할지 모르겠어요. 하고 싶은 건 너무 많은데…"

예상외로 초기 단계의 크리에이터뿐 아니라, 많게는 십만 명 이상의 팔로워를 가진 크리에이터에게도 공통적으로 나타나는 문제입니다. 이는 수익화를 제대로 하고 있지 못하기 때문인 경우가 대부분입니다. 나만의 매력과 창의성으로 팔로워는 모았지만, 그들은 나의 제품과 서비스를 구매해 줄 '고객'이 아닌, 그저 '팬'일 뿐인 경우입니다. 따라서 커머스를 목적으로 한다면, 채널을 만드는 시작부터 전략적으로 접근해야 합니다. 그 첫걸음이 바로 '목표 시장'을 설정하는 것입니다.

1. '인간의 7대 욕망'에서 시장을 발견하라

그럼 나의 목표 시장은 어떻게 찾을 수 있을까요? 저는 모든 비즈니스가 결국 '인간의 욕망'을 해결해주는 과정이라고 생각합니다. 내가 어떤 시장을 공략할지, 아래 7가지 욕망의 관점에서 먼저 생각해보는 것이 좋습니다.

> 1. 먹는 시장(더 맛있게, 더 건강하게, 더 특별하게)
> 2. 예뻐지고 싶은 시장(뷰티, 패션, 다이어트)
> 3. 건강해지고 싶은 시장(운동, 영양제, 정신 건강)
> 4. 편안한 삶을 위한 시장(살림, 청소, 인테리어, 육아)
> 5. 즐기고 싶은 시장(여행, 게임, 취미, 엔터테인먼트)
> 6. 배우고 성장하고 싶은 시장(자기계발, 재테크, 커리어, 외국어)
> 7. 연결되고 싶은 시장(인간관계, 커뮤니티, 소속감)

2. 나를 선택하게 하는 '더 나은' 전략

시장을 정했다면, 이제 그 시장에서 경쟁력을 갖고 선택받기 위해, 우리 계정은 끊임없이 '나아져야' 합니다. 그냥 나만 잘하는 게 아니라, 나의 경쟁자보다 더 잘해야 합니다.

아마 처음 시장에 진입해 콘셉트를 정하고 콘텐츠를 만들 때, "내가 이런 콘셉트로 접근하면 차별화가 되고 잠재 고객을 모을 수 있을 거야" 와 같은 가설이 있었을 겁니다. 하지만 시장은 생각보다 나의 기대만큼 따라주지 않습니다. 내가 뛰어들기 전에는 알지 못했던 시장 상황이 있을 수 있고, 또 경쟁자들도 우리가 고민하는 것만큼 매일 스스로를 변화시키기 때문입니다.

그래서 우리는 항상 나만의 특별한 다른 점을 발견하려고 노력해야 하고, 그 특별한 다른 점을 지속해서 콘텐츠로 알려야 합니다. 항상 스스로에게 되물을 필요가 있습니다. "나는 지금 나의 시장의 특정 경쟁자보다 무엇이 '더 나은가'?"

생각보다 많은 크리에이터분들이 다른 경쟁자를 보지 않고 스스로의 고민에 빠져 있는 경우가 많습니다. 내가 설정한 시장 속에서 경쟁자는 어떻게 하는지를 지속적으로 확인하고, 그들보다 '더 나은 대체재'가 되어야 합니다. 나만의 차별화된 콘셉트를 만드는 방법에 대해서는 '인사이트 4'의 콘셉트 편에서 상세히 다루었으니, 다시 참고하시기 바랍니다.

3. 8가지 파이프라인: 당신의 가치를 현금으로 바꾸는 법

이제 나의 시장과 '더 나은' 가치가 명확해졌다면, 그것을 현금으로 바꿀 '수익 파이프라인'을 설계할 차례입니다. 크리에이터가 활용할 수 있는 대표적인 8가지 방법을 4가지 핵심 전략으로 나누어 설명하겠습니다.

◆ **직접 판매: '나의 상품'으로 승부하기**

콘텐츠를 통해 쌓은 인지도와 신뢰를 바탕으로, 자신의 브랜드나 상품을 직접 판매하는 가장 적극적인 수익화 방식입니다.

- **커머스(자체 상품 판매)**: 가장 대표적인 방법입니다. 이때 중요한 것은 '판매의 명분'입니다. "제가 오랫동안 써보고 너무 좋아서…", "이 문제를 해결하기 위해 직접 만들었습니다"와 같이, 판매가 팔로워를 위한 가치 제공이라는 진정성 있는 스토리가 뒷받침될 때, 시청자들은 기꺼이 지갑을 엽니다.

- **지식 콘텐츠 판매:** 당신의 전문 지식이나 경험을 강의 VOD, 전자책, 컨설팅 등의 형태로 판매하는 것입니다. '라이브클래스'나 '크몽' 같은 플랫폼을 활용할 수 있습니다. 이때 '내가 감히 누구를 가르쳐?'라는 생각에 주저할 필요가 없습니다. ==시청자들은 완벽한 전문가보다, 자신보다 '반 발자국' 앞서 나간 경험자의 현실적인 조언에 더 열광==합니다.

- **크라우드 펀딩:** '와디즈', '텀블벅' 같은 플랫폼을 통해 팬들과 함께 상품을 만들어가는 방식입니다. 제품 기획부터 스토리텔링, 명분, 메시지 등이 모두 콘텐츠가 되며, 펀딩은 단순한 판매를 넘어 팬과 함께 하나의 브랜드를 만들어가는 특별한 경험이 될 수 있습니다.

◆ 제휴 판매: '남의 상품'을 영리하게 팔기

직접 상품을 만들지 않더라도, 다른 브랜드의 좋은 상품을 소개해줌으로써 수익을 창출하는 방식입니다.

- **광고 및 협찬:** 브랜드로부터 대가를 받고 콘텐츠를 제작해주는, 가장 전통적인 방식입니다. 하지만 이제는 광고를 수동적으로 기다리는 시대가 아닙니다. 내 채널의 콘셉트와 맞는 브랜드에 먼저 "나와 함께하면 이런 성과를 낼 수 있다"고 제안할 수 있는 '제안서'를 준비해야 합니다. 팔로워 수가 아닌, 실제 콘텐츠의 영향력(조회수, 참여율)을 데이터로 증명할 수 있다면 훨씬 더 유리한 협업을 이끌어낼 수 있습니다.

- **어필리에이트(제휴 마케팅):** '쿠팡 파트너스'나 '알리익스프레스'처럼, 내 제휴 링크를 통해 판매가 일어날 때마다 일정 비율의 수수료를 받는 방식입니다. 팔로워가 적더라도, 특정 상품에 대한 타깃팅이 명확한 콘텐츠가 바이럴된다면 높은 수익을 기대할 수 있습니다.

◆ **커뮤니티 기반 수익: '찐팬'에게서 가치를 찾기**

상품 판매를 넘어, 충성도 높은 팬덤, 즉 커뮤니티를 기반으로 수익을 창출하는 모델입니다.

- **멤버십:** 유튜브의 채널 멤버십이나 '팬딩' 같은 외부 플랫폼을 통해, 소수의 '찐팬'에게만 독점적인 콘텐츠나 특별한 혜택을 제공하고 월정액 구독료를 받는 방식입니다. 이는 안정적인 고정 수익을 만들어주는 강력한 모델입니다.

- **후원:** 라이브 방송 중에 팬들로부터 직접적인 '선물(유튜브 슈퍼챗, 틱톡 기프트 등)'을 받아 수익을 창출하는 방식입니다. 이는 크리에이터와 팬 사이의 유대감을 가장 직접적으로 확인할 수 있는 지표이기도 합니다.

◆ **플랫폼 기본 수익: 모든 것의 시작**

- **조회수 및 음원 수익:** '크리에이터 펀드'와 같이, 플랫폼이 광고 수익의 일부를 조회수에 따라 배분해주는 가장 기본적인 수익 모델입니다. 큰 금액은 아닐지라도, 꾸준한 콘텐츠 제작에 대한 최소한의 동기부여가 될 수 있습니다.

이처럼, 먼저 나의 '아이템'을 명확히 정의하고, 그 가치를 가장 효과적으로 전달할 수 있는 수익 모델을 전략적으로 설계할 때, 채널은 비로소 지속가능한 비즈니스로 성장할 수 있습니다.

4. '구매하는 팬덤' 구축 단계: 당신의 왕국을 건설하라

좋은 상품과 수익 모델로 첫 판매에 성공했다면, 여기서 만족해서는 안 됩니다. 숏폼 커머스 고수와 하수를 가르는 결정적인 차이는 바로 '판매 이후의 고객 관리', 즉 팬덤(Fandom)을 구축하는 능력에 있습니다.

◆ 팬이 있는 크리에이터만이 살아남는다

팬덤은 단순히 콘텐츠를 소비하는 것을 넘어, 크리에이터와 정서적으로 연결된 충성도 높은 공동체입니다. 그리고 그 커뮤니티는 계정의 성장과 커머스 크리에이터로의 진화에 필수적입니다. 팬덤은 크리에이터의 이미지를 긍정적으로 형성하고, 계정의 가치를 높이며, 크리에이터의 철학과 가치에 깊이 공감하여 이를 주변에 자발적으로 전파하는 '가장 강력한 마케터' 역할을 합니다.

물론 '내가 연예인도 아닌데 팬을 만든다는 게 가능할까?'라고 생각할 수 있습니다. 하지만 팬덤은 크리에이터가 직접 만드는 것이 아니라, 스스로 모여든 팬들을 '발견'하고 '관리'하는 과정에서 자연스럽게 성장합니다. 그리고 그 관리의 핵심 시스템이 바로 '사적 트래픽'입니다.

◆ '사적 트래픽'으로 당신의 왕국을 관리하라

한 번 구매한 고객을 당신만의 성(城)으로 초대하여, 누구에게도 뺏

> **실전 TIP**
>
> ## 구매자 전용 커뮤니티 운영법(사적 트래픽)
>
> - **1단계: 우리만의 '아지트' 만들기**
> 가장 먼저, 구매자들만 들어올 수 있는 우리만의 공간을 만들어야 합니다. '카카오톡 오픈채팅방'이나 '네이버 비공개 카페' 등이 가장 접근하기 쉬운 방법입니다. 제품 구매 시, 이 커뮤니티에 참여할 수 있는 링크나 코드를 함께 제공합니다.
>
> - **2단계: 그들만을 위한 '특별한 혜택' 제공**
> 이 커뮤니티가 활발하게 유지되려면, 그들만이 누릴 수 있는 명확한 혜택이 있어야 합니다.
>   - **독점 정보**: 신제품 기획 과정이나 출시 소식을 가장 먼저 공유합니다.
>   - **특별 할인**: 커뮤니티 멤버에게만 제공되는 비공개 할인 쿠폰이나 공동구매를 진행합니다.
>   - **직접 소통**: 크리에이터와 직접 소통할 수 있는 Q&A나 라이브 방송을 정기적으로 진행하여 소속감을 높입니다.

기지 않는 충성도 높은 '사적 트래픽(Private Traffic)'으로 만들어야 합니다. 사적 트래픽이란, 불특정다수에게 노출되는 '공용 트래픽(Public Traffic)'과 달리, 내가 직접 통제하고 소통할 수 있는 우리만의 고객 그룹을 의미합니다. 그리고 이들을 관리하는 가장 효과적인 방법이 바로 '구매자 전용 커뮤니티'를 운영하는 것입니다.

- **최고의 '사회적 증거' 확보:** 실제 제품을 구매하고 만족한 사람들의 '진짜 후기'는 그 어떤 광고보다 강력한 신뢰를 만들어냅니다.
- **재구매율 극대화:** 신제품이 나왔을 때, 이 커뮤니티 멤버들에게 가장 먼저 소식을 알리는 것만으로도 매우 높은 재구매율을 달성할 수 있습니다.
- **제품 개발의 '치트키':** 신제품 개발 과정에서 "어떤 점이 불편하셨나요?" 와 같이 그들의 의견을 직접 물어보세요. 고객의 목소리에서 시작된 제품은 실패할 확률이 극히 적습니다.

이처럼, 숏폼을 통해 유입된 고객을 당신만의 '왕국'으로 초대하여 '사적 트래픽'으로 전환하는 과정은, 당신의 비즈니스를 일회성 성공이 아닌, 지속가능한 시스템으로 만드는 가장 강력한 전략입니다.

에필로그

<생산의 혁신>을 만드는 생성형 AI, <소비의 혁신>을 만드는 숏폼 커머스

바야흐로 AI의 시대입니다. 최근 몇 년간 생성형 AI는 산업 전반에 걸쳐 혁신적인 변화를 이끌고 있습니다. 대규모 언어모델과 GAN, VAE 등 다양한 신경망 기술의 발전으로 AI는 이미지, 텍스트, 영상 등 다양한 콘텐츠를 빠르게 생성할 수 있게 되었고, 이는 생산 현장에 새로운 패러다임을 가져왔습니다. 제조업에서는 AI가 설계, 생산계획, 품질관리 등 전 과정에 투입되어 자율생산이 가능한 환경이 구축되고, 생산효율성과 품질을 극대화하며 인간의 개입을 최소화하는 방향으로 진화 중입니다. 또한 데이터 분석과 시각화를 통해 의사결정 과정을 혁신하고, 디자인과 콘텐츠 창작 등 창의적 영역까지 확장되고 있습니다.

한편 소비의 최전선에서는 숏폼이 세상을 바꾸고 있습니다. 유튜브 쇼츠, 인스타그램 릴스, 틱톡 등 숏폼 플랫폼은 전 세계적으로 폭발적인 성장세를 보이고 있으며, 네이버, 카카오, 당근마켓 등 모든 플랫폼에는 숏폼이 생겨나고 있습니다.

숏폼이 바꾼 소비 패러다임의 본질은 짧은 영상이라는 형식이 아니라 그 뒤에 존재하고 있는 'AI의 추천 기반 소비'라는 AI 추천 알고리즘입니다. 숏폼 플랫폼은 사용자의 취향과 행동 데이터를 AI가 분석해 실시간으로 맞춤형 콘텐츠를 제공하고, 이 콘텐츠를 기반으로 구매, 매장 방문, 엔터테인먼트 등 다양한 소비행동이 시작됩니다. 또 숏폼은 짧은 영상이라는 형식을 통해 제작과 진입의 장벽을 낮추어 일반인도 셀러브리티 못지않은 파급력을 가질 수 있게 하는 콘텐츠의 민주화를 이뤘고, 누구나 자신의 콘텐츠로 팬덤을 형성할 수 있는 환경을 제공하였습니다. 더불어 한번 보면 빠져나가기 힘든 중독성을 가진 숏폼은, 도파민을 자극하며 사람들을 하루 종일 머물게 만들었습니다. 그래서 숏폼은 산업, 문화 전반의 소비 영역에서 변화를 만들고 기업들은 숏폼을 활용한 마케팅, 커머스, 브랜드 전략을 강화하고 있습니다. 이렇게 시간이 지날수록 숏폼에 대한 소비는 MZ들 중심에서 나아가 전 연령대로 확산되고 있습니다.

생성형 AI가 생산 현장에서 창의성과 효율성을 극대화하며 산업 구조를 바꾼다면, 소비 현장에서 숏폼은 미디어, 커머스, 문화 전반의 패러다임을 근본적으로 재편하고 있습니다. 두 혁신 모두 AI 기술의 발전을 기반으로 하고 있으며 생산과 소비의 경계, 창작자와 소비자의 경계, 정보의 유통 방식까지 새롭게 정의하고 있습니다. 앞으로도 생성형 AI와 숏폼은 서로 영향을 주고받으며 더 빠르게 창의적인 세상을 만들어갈 것입니다.

코로나19 팬데믹은 저에게 위기이자 기회의 순간이었습니다. 중국의 변화하는 비즈니스 생태계와, 디지털 트렌드를 한국에 소개하는 <비

즈니스 학습여행>이라는 콘셉트로 2019년 여행사를 창업하고 1년 동안 운영하며, 트렌드코리아에도 소개될 정도로 성업했지만 예상치 못한 팬데믹으로 사업을 중단해야 했습니다. 저는 살아남기 위해 전혀 다른 길을 찾아야 했는데, 그때 중국에서 목격한 숏폼 이코노미의 폭발적인 성장과 새로운 소비 생태계는 강한 확신을 주었습니다. 숏폼은 단순한 유행이 아니라 소비 패러다임 자체를 바꾼 메가트렌드이며, 이 생태계 안에서 무엇이라도 해야겠다는 생각으로 비즈니스 피봇팅을 결심했습니다.

이후 저는 과감히 여행업을 중단하고, 당시의 팀원들과 오로지 숏폼만 연구하는 '숏만연구소'를 설립했습니다. 콘텐츠의 콘자도 모르는 시절이었지만, 콘텐츠 전문가 영입 없이, 당시의 팀원들과 숏폼을 공부하고 숏폼의 문법을 하나하나 몸으로 익히며 수많은 도전과 실패를 거듭했습니다. 기존 마케팅과 전혀 다른 숏폼만의 문법과 알고리즘, 그리고 시장의 반응을 분석하며 숏만연구소만의 콘텐츠 확산 로직을 체계화해 나갔습니다.

숏만연구소는 다양한 계정을 직접 운영하며 그 가능성을 입증하였고, 숏폼 콘텐츠의 성공은 단순히 조회수에서 그치지 않고 실제 매출과 브랜드를 성장시키는 중요한 역할을 한다는 사실을 확인할 수 있었습니다. 무엇보다 그 과정에서 숏폼의 본질을 이해하고, 끊임없이 실험하며, 시장의 변화에 맞는 새로운 전략을 만들어낸 것이 지금의 숏만연구소를 있게 한 원동력이었습니다.

숏폼이라는 새로운 물결을 가장 먼저 경험한 중국에서 시작해, 이를 글로벌 시장과 한국 시장에 맞게 재해석하며, 저희는 숏폼이 왜 세상의 소비 패러다임을 바꾸는지 몸소 증명해왔습니다. 그리고 이런 저희의 스토리는 숏폼을 준비하고 도전하는 분들께 '나도 할 수 있다'는 힌트를 제공합니다.

여행사였던 우리가 콘텐츠 제작자 영입 없이 숏폼 생태계에 도전해 대기업이 찾아오는 회사로 성장할 수 있었던 이유는, 숏폼이 기존의 콘텐츠 영역과 전혀 다른, 새로운 문법을 가진 분야이기 때문입니다. 방법을 배우면 누구나 도전할 수 있으며, 새롭게 탄생하는 시장의 주인공은 바로 여러분이 될 수 있습니다.

앞으로도 숏만연구소는 기존의 성공에 안주하지 않고, 다가올 숏폼 커머스 시장을 선도하고, 새로운 도전을 멈추지 않을 것입니다. 먼저냐 나중이냐의 문제일 뿐, 비즈니스를 하는 사람이라면 모두 숏폼을 활용하게 될 것이라 믿습니다. 앞으로 10년의 비즈니스 경쟁력은 '숏폼력'에 달려있습니다. 숏폼을 잘 이해하고 활용해 기업과 개인의 경쟁력을 강화하고 다가오는 시장의 주인공이 되길 바랍니다. 세상의 변화를 잘 포착하고, 누구보다 빠르게 시장의 기회를 선점하시길 진심으로 바랍니다. 그 변화의 시작에 숏만연구소가 함께하겠습니다.

초판 1쇄 인쇄 2025년 10월 24일
초판 1쇄 발행 2025년 11월 1일
지은이 윤승진
발행처 이야기나무
발행인 및 편집인 김상아
기획/편집 장원석
교정교열 차상은
디자인 오정은
홍보/마케팅 이소현, 김라연
인쇄 삼보아트
등록번호 제25100-2011-304호
등록일자 2011년 10월 20일
주소 서울시 마포구 연남로13길 1 레이즈빌딩 5층
전화 02-3142-0588
팩스 02-334-1588
이메일 book@bombaram.net
인스타그램 @yiyaginamu_
ISBN 979-11-85860-62-6 [03320]
값 20,000원

ⓒ윤승진
이 책은 저작권법에 따라 보호받는 저작물이므로 무단전재와 무단복제를 금하며,
이 책 내용의 전부 또는 일부를 인용하려면 반드시 저작권자와 이야기나무의
서면동의를 받아야 합니다. 잘못된 책은 구입하신 곳에서 교환해 드립니다.